ACOLHER JESUS

Dados Internacionais de Catalogação na Publicação (CIP)
(Câmara Brasileira do Livro, SP, Brasil)

Pagola, José Antonio
  Acolher Jesus : como viver a fé em família /José Antonio Pagola ; tradução de Karen Clavery Macedo. – Petrópolis, RJ : Vozes, 2022.

  Título original: Dejar entrar en casa a Jesús
  ISBN 978-65-5713-733-8

  1. Casais – Aspectos religiosos 2. Deus (Cristianismo) 3. Família – Aspectos religiosos 4. Fé 5. Vida cristã I. Título.

22-133770   CDD-248.4

Índices para catálogo sistemático:
1. Família : Vida cristã : Cristianismo   248.4
Cibele Maria Dias – Bibliotecária – CRB-8/9427

JOSÉ ANTONIO PAGOLA

ACOLHER JESUS

COMO VIVER A FÉ EM FAMÍLIA

Tradução de Karen Clavery Macedo

Petrópolis

© 2018, José Antonio Pagola
© 2018, PPC, Editorial y Distribuidora, S.A.

Tradução realizada a partir do original em espanhol intitulado *Dejar entrar en casa a Jesús*

Direitos de publicação em língua portuguesa – Brasil:
2023, Editora Vozes Ltda.
Rua Frei Luís, 100
25689-900 Petrópolis, RJ
www.vozes.com.br
Brasil

Todos os direitos reservados. Nenhuma parte desta obra poderá ser reproduzida ou transmitida por qualquer forma e/ou quaisquer meios (eletrônico ou mecânico, incluindo fotocópia e gravação) ou arquivada em qualquer sistema ou banco de dados sem permissão escrita da editora.

CONSELHO EDITORIAL

Diretor	**Conselheiros**
Volney J. Berkenbrock	Elói Dionísio Piva
	Francisco Morás
Editores	Gilberto Gonçalves Garcia
Aline dos Santos Carneiro	Ludovico Garmus
Edrian Josué Pasini	Teobaldo Heidemann
Marilac Loraine Oleniki	
Welder Lancieri Marchini	**Secretário executivo**
	Leonardo A.R.T. dos Santos

Diagramação: Sheilandre Desenv. Gráfico
Revisão gráfica: Alessandra Karl
Capa: SGDesign

ISBN 978-65-5713-733-8 (Brasil)
ISBN 978-84-288-3308-0 (Espanha)

Este livro foi composto e impresso pela Editora Vozes Ltda.

SUMÁRIO

Apresentação, 7

Parte I – Algumas chaves para construir um lar cristão nos dias de hoje, 13

1 O amor do casal, a experiência do amor de Deus, 15
2 A originalidade do casamento cristão, 42
3 Como viver a fé na família de hoje, 67
4 Acolher Jesus no lar, 94
5 O amor cotidiano do casal, 127

Parte II – Compartilhar o Evangelho de Jesus como casal, 135

1 Construir o lar ouvindo Jesus, 141
2 Pedi, buscai, batei, 151
3 Vinde a mim os que estão cansados e sobrecarregados, 161
4 Assim como eu vos amei, amai-vos também uns aos outros, 172
5 Não julgueis nem condeneis. Perdoai, 181
6 Quem receber uma criança em meu nome, é a mim que recebe, 191
7 Pode um cego guiar outro cego?, 201
8 As bem-aventuranças, 212
9 Assim que haveis de rezar, 223
10 Vai e faze tu o mesmo, 234
11 Mulher, estás curada de tua doença, 245
12 A paz esteja convosco, 256

Apresentação

Este livro tem duas partes claramente diferenciadas. Na primeira parte, apresento "algumas chaves para construir um lar cristão nos dias de hoje". Esses capítulos podem ajudar diretamente os casais cristãos, mas também podem ser usados para organizar nas paróquias ou em diferentes movimentos matrimoniais, jornadas para os pais de família. Além disso, podem ser úteis como base para a formação em cursos pré-matrimoniais.

No primeiro capítulo, intitulado "O amor do casal, a experiência do amor de Deus", abordo um tema que é quase sempre ignorado na formação dos casais cristãos. Seguindo de perto o livro bíblico do Cântico dos Cânticos, paro antes de tudo para apresentar o amor erótico como um presente surpreendente e um dom alegre do Criador para os apaixonados. Faço isso para que seja descoberto na profundidade desse amor uma experiência privilegiada, que pode conduzir o casal ao mistério de Deus e à experiência do seu amor insondável. Depois, considero a fragilidade e os limites desse amor erótico, que, para ser vivo e criativo, pede desde o seu íntimo que seja impregnado por um novo amor que, sem o anular, o desdobre e o expanda ainda mais. Por fim, destaco a atualidade do Cântico dos Cânticos e a importância de sua mensagem para os dias de hoje.

No segundo capítulo exponho, conforme diz o título, a "originalidade do casamento cristão". Em primeiro lugar, indico brevemente as mudanças mais importantes que ocorreram na visão teológica do casamento cristão nos últimos anos desde o Vaticano II. Considero, então, a realidade humana de cada casamento: convivência sexual, comunhão de amor, realidade social, comunidade aberta à fecundidade. Só mais tarde abordo cuidadosamente a originalidade do casamento vivido como um sacramento cristão: o projeto de vida conjugal; o sacramento do amor de Deus; o estado sacramental. Termino indicando algumas dimensões do casamento: libertação da solidão; complementação mútua; fruição da dimensão sexual; crescente comunidade de amor; comunidade de compreensão mútua e perdão; culminação do casamento como fonte de vida.

No terceiro capítulo falo sobre "como viver a fé na família de hoje". Após uma breve abordagem da complexa realidade das famílias na sociedade de hoje, apresento algumas das dificuldades em viver a fé atualmente – falta de comunicação; desacordo geracional; dificuldade em educar na fé –, para afirmar, no entanto, que nenhum grupo humano pode competir com a família na educação da fé, uma vez que esta pode oferecer como nenhum outro grupo "valores cristãos e experiência religiosa, combinados com afeto e proximidade". Aponto, então, algumas condições básicas para viver a fé na família: verdadeiro amor entre os pais; afeto pelos filhos; ambiente de comunicação; coerência para com os filhos; passar de uma fé individualista para uma fé compartilhada. Em seguida, trato diretamente da oração familiar: a oração do casal; o ambiente apropriado; como ensinar a rezar; como rezar em família; a celebração do domingo... Por fim, indico algumas orientações para educar na fé: não negligenciar a própria responsabilidade enquanto pais; atenção à imagem de Deus que é transmitida por meio da própria conduta; o caráter decisivo do exemplo; nunca cair no autoritarismo.

O objetivo do quarto capítulo é ajudar os casais a abrir as portas de suas casas para "acolher Jesus no lar". Começo por afirmar que abrir as portas de nossa casa para Jesus é aprender a viver "reunidos em nome de Jesus" e a "seguir Jesus" com a verdade e a fidelidade da família. Em seguida abordo um tema de grande relevância: como compreender e viver a família como comunidade fraterna de Jesus. Para isso, temos de quebrar o modelo de família patriarcal; viver em família como um espaço sem dominação masculina; zelar pela igualdade e dignidade da mulher em nossos dias; as crianças devem estar no centro de atenção e cuidado. Por fim, indico alguns passos para caminhar em direção a uma família comprometida com o projeto humanizador do Pai: acolher o Reino de Deus da família; de uma família estabelecida para uma família aberta e comprometida; para uma nova experiência de amor fraterno fora da família.

No capítulo quinto, intitulado "O amor cotidiano do casal", reúno algumas reflexões de caráter prático retiradas da Exortação *Amoris Laetitia* [A alegria do amor] do Papa Francisco, em seu capítulo quarto. Francisco oferece algumas considerações que podem ajudar os casais a viverem o seu amor dentro da família no dia a dia. Dessa forma, fala sobre a paciência; a atitude de serviço; que o amor não inveja, não se vangloria, não se orgulha. O amor é bondoso; o amor não procura seus interesses, não se ira facilmente, não guarda rancor; o amor não se alegra com a injustiça, mas se alegra com a verdade; o amor tudo sofre, tudo crê, tudo espera, tudo suporta.

* * *

A segunda parte do livro tem como título "Compartilhar o Evangelho de Jesus como casal" e é muito diferente da primeira parte, uma vez que nela proponho aos casais cristãos, e, mais especificamente, aos pais que desejam construir um lar mais humano e cristão, que façam juntos uma caminhada para conhecer melhor Jesus, e que deixem a força libertadora e transformadora do Evangelho entrar na família. Eu explico de onde vem essa ideia.

Repeti isso muitas vezes ao longo dos anos. Nestes tempos em que uma mudança sociocultural sem precedentes está ocorrendo na sociedade moderna, na Igreja também precisamos de uma conversão sem precedentes. Simplesmente precisamos *voltar a Jesus* a fim de reavivar a rotina e a fé desgastada que frequentemente vivemos em nossas paróquias e comunidades cristãs, para proclamar e difundir, de uma forma renovada, a força do Evangelho de Jesus.

Por isso, em 2014, com a publicação do livro *Grupos de Jesus* e com a abertura de um *site* com o mesmo nome, comecei a promover os "Grupos de Jesus". O principal objetivo desses grupos é o de viver juntos um processo de conversão individual e coletiva a Jesus Cristo, aprofundando de maneira simples o essencial do Evangelho. Este é o primeiro e decisivo ponto: percorrermos juntos um caminho que nos leve a conhecer melhor Jesus e, sobretudo, a enraizar as nossas vidas de seguidores de Jesus mais verdadeira e fielmente em sua pessoa, em sua mensagem e em seu projeto de tornar o mundo mais humano: o que Jesus chamou de "Reino de Deus". A partir desses grupos de Jesus queremos responder ao apelo do Papa Francisco, que nos convida a viver, nestes tempos difíceis para a fé, uma "nova etapa evangelizadora, animada pela alegria de Jesus" (*Evangelii Gaudium*, 1).

A fim de promover esses grupos, visitei muitas dioceses na Espanha ao longo dos anos e, no final da minha apresentação sobre o processo que se vive nos grupos, o clima que é criado e o que os participantes sentem, fazem com que quase sempre me façam esta pergunta: "não existe algo semelhante para ajudar os pais a cultivar um clima mais cristão em casa?" Imediatamente levei em conta o pedido deles, pois percebi que esses pais e mães estavam certos. Em uma época em que o número de pessoas que vem à paróquia para celebrar a sua fé e ouvir o Evangelho está diminuindo, talvez o mais urgente e decisivo seja restaurar a fé e o ambiente cristão em nossas casas.

No início da segunda parte deste livro, indico resumidamente tudo o que é necessário para aprofundar em doze tópicos. Em cada um deles me proponho a refletir sobre um texto do Evangelho e ofereço diferentes ajudas para descobrirmos juntos a mensagem de Jesus, bem como sugestões para estimular a reflexão, para tornar concreto o compromisso e para que haja oração como casal. Sei que o encontro com Jesus pode reavivar o seu amor como casal, enriquecer o seu relacionamento com os seus filhos e criar uma atmosfera mais agradável e cristã em seu lar.

Parte I

ALGUMAS CHAVES PARA CONSTRUIR UM LAR CRISTÃO NOS DIAS DE HOJE

1

O AMOR DO CASAL, A EXPERIÊNCIA DO AMOR DE DEUS

O Cântico dos Cânticos é, sem dúvida, o livro mais surpreendente de todos os que estão incluídos na Bíblia. Segundo o escritor francês Ernest Renan, a sua presença perturbadora no Livro Sagrado deve-se a um "momento de esquecimento" por parte daqueles que instituíram o cânon bíblico. No entanto, de acordo com um rabino judeu, "o dia em que o Cântico dos Cânticos foi inserido na Bíblia é o maior dia da história".

Joia da literatura mundial, o Cântico dos Cânticos é o livro bíblico mais universal e mais lido ao longo dos séculos e, ao mesmo tempo, um dos mais ignorados pelos cristãos. Alimentou a paixão amorosa dos místicos e buscadores de Deus ao longo dos tempos e, no entanto, dificilmente está presente na celebração litúrgica. O Cântico dos Cânticos sempre despertou a admiração daqueles que compreenderam a profundidade de sua mensagem. Rabí Aqiba disse que "se não tivéssemos recebido a Torá, o Cântico dos Cânticos teria sido suficiente para guiar o mundo". O grande teólogo suíço Karl Barth o considera, junto com o segundo capítulo do Gênesis, "a segunda carta da humanidade".

Esses poemas de amor compilados há vinte e cinco séculos parecem ter sido escritos para anunciar uma mensagem de importância vital para os homens e mulheres de hoje. Em um primeiro momento vamos parar para contemplar o amor erótico dos dois amantes do Cântico dos Cânticos como um presente surpreendente e um dom alegre do Criador. Mais tarde descobriremos na profundidade desse amor uma experiência privilegiada que pode conduzir os homens e as mulheres ao Mistério de Deus e à experiência do seu amor insondável. A seguir, vamos considerar a fragilidade e os limites desse encontro erótico, que, para se manter vivo e criativo, pede desde o seu íntimo que seja impregnado por um novo amor que, sem o anular, o desdobre e expanda ainda mais. Por fim, destacarei a atualidade do Cântico dos Cânticos e a importância de sua mensagem para os dias de hoje.

1. O amor erótico, um presente do Deus criador

O Cântico dos Cânticos celebra e canta o amor concreto de um homem e de uma mulher que se procuram, se olham, se apaixonam, se entregam um ao outro, que tremem de amor e desfrutam do prazer de viver em plena comunhão.

Durante séculos o Cântico dos Cânticos foi lido como um relato alegórico que, de acordo com várias interpretações, fala do amor entre Deus e Israel, entre Cristo e a sua igreja ou entre Deus e a alma. Essa forma de ler o texto do Cântico dos Cânticos é legítima e tem alimentado a experiência religiosa e mística de muitos. Contudo, o Cântico dos Cânticos fala diretamente do amor de dois amantes. Para descobrir um conteúdo alegórico neste amor, temos de introduzir um significado oculto no texto, para além do seu significado imediato e direto. O Cântico dos Cânticos torna-se assim um texto codificado, que só pode ser lido na sua realidade mais profunda por aqueles que conhecem a chave e acreditam que esse diálogo de amantes é apenas uma forma de falar de algo invisível e transcendente, que é o amor entre Deus e o ser humano.

Essa leitura alegórica mostra a riqueza e as variadas possibilidades da palavra bíblica, mas traz o risco de nos fazer esquecer de que o Cântico dos Cânticos é, na realidade, um conjunto de poemas que, na sua origem, canta o misterioso e surpreendente amor de um homem e de uma mulher apaixonados. O que esse livro nos transmite diretamente é uma mensagem sobre o amor humano do casal: os amantes não falam de Deus, mas de seu amor transbordante[1]. Não é necessário que esse livro fale de Deus para ser santo. É no amor humano desses jovens que devemos descobrir a obra do Criador e onde podemos vislumbrar um sinal do mistério supremo de Deus, que é o amor.

a) A bondade do amor erótico

Embora muitas traduções e comentários falem de "marido" e de "esposa", nada sugere que esses dois amantes sejam

---

1 Os amantes pronunciam o nome de Deus apenas uma vez para dizer que a paixão que experimentam é: "labareda divina" (8,6).

casados. Não há nenhuma alusão no Cântico dos Cânticos ao casamento ou ao vínculo conjugal. O seu amor não é legalizado por nenhuma instituição. Eles simplesmente desfrutam do amor sem a permissão de ninguém: "Leva-me contigo! Corramos! Que o rei me introduza nos seus aposentos [...] Queremos contigo exultar de gozo e alegria" (1,4). O seu encontro amoroso tem significado e valor por si só. A sua alegria não precisa ser justificada a partir do exterior[2].

Por outro lado, não há qualquer menção à reprodução. Os amantes entregam-se uns aos outros atraídos pelo desejo mútuo, não para gerar filhos. Encontram-se para se divertirem e desfrutarem um do outro. Não há outro objetivo a não ser o próprio prazer dos dois amantes. O seu encontro amoroso é bom em si mesmo, não há referência à procriação. Faz sentido devido à comunhão vivida pelo casal, à plenitude afetiva do seu amor e à expansão sexual dos seus corpos.

O Cântico dos Cânticos celebra, assim, o amor erótico de um homem e de uma mulher que desejam, procuram e desfrutam um do outro e um com o outro. Ainda não se fala em instituição matrimonial ou em geração de filhos. Assim, é realçado o valor primordial do encontro sexual, da realização da atração e do desejo dos dois amantes. O que busca e deseja a amante é ser beijada, acariciada, abraçada, penetrada: "Sua boca me cubra de beijos! Melhores do que o vinho são tuas carícias" (1,2); "Sua mão esquerda está sob minha cabeça, e

---

2 Os termos utilizados para designar os jovens podem ser traduzidos com diferentes nuanças: amado, amada, amigo, amiga, marido, esposa, irmão, irmã.

sua mão direita me abraça" (8,3); "Que entre o meu amado em seu jardim para comer dos frutos deliciosos!" (4,16). O amante se expressa de maneira semelhante e responde ao desejo de sua amada desfrutando dela como ela desfruta dele: "tua boca, como vinho generoso. (Ela) Que ele escorra suavemente para meu amado molhando os lábios dos que dormem!" (7,10); "Como são ternos teus carinhos [...]/ Tuas carícias são mais deliciosas que o vinho" (4,10); "Vou entrar no meu jardim, minha irmã e minha noiva, colher mirra e bálsamo" (5,1).

b) Traços de amor

O Cântico dos Cânticos não fala de obrigações matrimoniais ou de exigências morais, mas não se refere a um amor qualquer. Os amantes vivem seu encontro com profundidade e qualidade humana, o que é fácil perceber.

O seu encontro transborda alegria, êxtase, prazer estremecedor, fascínio e deleite dos corpos; eles se beijam com os olhos, lábios e mãos; eles se acariciam com palavras e silêncio; fundem-se em um abraço absoluto. O que é decisivo, no entanto, é o seu encontro enquanto indivíduos. Cada um deles encontra a sua riqueza no outro, não em si mesmo. Cada um se deleita e é feliz sendo fonte de alegria e felicidade para o outro. Não se movem por puro desejo de sexo; não transformam o outro em um objeto da sua própria satisfação. O seu contato é um diálogo respeitoso e criativo, um apelo à liberdade do outro, um convite ao encontro. O ser amado é uma pessoa única: "Sim, como um lírio entre espinhos é minha amada entre as jovens" (2,2); "Como a macieira entre árvores do bosque é meu amado entre os jovens" (2,3); "Uma só, porém, é a minha pomba" (6,9); "O meu amado [...] inconfundível entre milhares" (5,10). A relação não é com o sexo do outro, mas com a pessoa inteira na sua originalidade e mistério: aquele que amo e que me ama é único.

Por isso seu encontro é comunhão e pertença mútua: "O meu amado é todo meu, e eu sou dele" (2,16). Entre os amantes existe reciprocidade e dedicação mútua. Eles são responsáveis um pelo outro. O seu encontro liberta-os da solidão; já não estão mais sozinhos; descobrem pela experiência a verdade contida nas palavras ditas pelo Criador nas origens da humanidade: "Não é bom que o ser humano esteja só" (Gênesis 2,18). Por isso sofrem com a separação, procuram um ao outro e se complementam (Cântico 3,1; 5,6).

O seu amor é, por outro lado, um encontro entre iguais. A mulher tem a mesma dignidade do homem. Não há conquistador ou conquistada. A palavra da mulher é a mesma do homem. Ela também expressa seu desejo e prazer tão abertamente quanto o homem; ela também canta a beleza do corpo de seu amado. Existe absoluta reciprocidade. "Nem o homem é mais nem a mulher é menos, ambos procuram um ao outro, ambos se encontram, de tal forma que, ao encontrar um ao outro, cada um descobre a parte mais profunda do seu interior[3]". O Cântico dos Cânticos evidencia, assim, a igualdade

---

3 PIKAZA, X. *El "Cántico espiritual" de san Juan de la Cruz* – Poesía – Biblia – Teologia. Madri: San Pablo, 1992, p. 159.

original do homem e da mulher que, no milagre da paixão, se descobrem iguais na sua dignidade e são chamados a enriquecerem-se nas suas diferenças. O amor desses amantes é uma demonstração da alegria surpreendente do primeiro homem ao encontrar a primeira mulher: "Desta vez sim, é osso dos meus ossos e carne da minha carne!" (Gênesis 2,23).

Esse amor nasce da liberdade e da escolha mútua. Não há invasão, violação ou profanação do outro. Não há manipulação, chantagem ou flerte. Cada vez que uma mulher e um homem se encontram verdadeiramente, há celebração e festa, há respeito e liberdade. Os amantes do Cântico dos Cânticos não mentem nem se enganam, não pressionam ou coagem um ao outro. Entre eles existe uma entrega confiante: "não ireis acordar nem despertar o meu amor, antes que ela o queira!" (Cântico 2,7).

Outra característica desse amor é a gratuidade. Os amantes são um presente para o outro. São apoio e companhia: "Quem é esta que sobe do deserto apoiada no seu amado?" (8,5). No amor verdadeiro há doação, não posse. Cada um se entrega com confiança ao outro. Tudo é graça, nada é dívida. "Vem, meu amado, saiamos ao campo! [...]/ Ali te darei o meu amor" (7,12-13).

O amor desses amantes é fiel. Eles não procuram o prazer em outro lugar; não estão atrás de aventuras ocasionais; não conhecem a promiscuidade, que é incapaz de libertar as pessoas da solidão. Eles vivem a grande aventura da vida enraizada em seu encontro. Eles conhecem a ausência do amado e a desolação, a inquietação e a busca, mas o seu coração permanece fiel: "logo encontrei o amor da minha vida: agarrei-me a ele e não o soltarei" (3,4). O seu amor intenso e forte pede a eternidade. "Põe-me como um selo sobre teu coração, como um selo sobre teu braço! Porque é forte o amor como a morte [...]/ Águas torrenciais não conseguirão apagar o amor, nem rios poderão afogá-lo" (8,6-7).

c) O amor do casal, dom de Deus

Esse amor do homem e da mulher não é algo divino, mas humano. Para descobrir e saborear a sua bondade, não é necessário mitificá-lo ou divinizá-lo. O desejo erótico e a sua realização na comunhão amorosa da mulher e do homem são um dom do Criador. "O amor entre uma mulher e um homem vale em si mesmo como a culminação de toda a criação"[4].

A tradição bíblica não deixa margem para dúvidas: a criação nasceu boa do coração de Deus. De acordo com o relato do Gênesis, Deus observa cada noite e fica satisfeito por ver que a sua obra é "boa". No último dia, como culminação de toda a criação, Deus cria o ser humano, mas o faz de ambos os gêneros, para que, encontrando-se em amor e comunhão total, homem e mulher possam refletir e viver algo do seu próprio mistério. "Deus criou o ser humano à sua imagem, à imagem de Deus o criou, macho e fêmea Ele os criou" (Gênesis 1,27).

---

4 Ibid., p. 158.

Ao contemplar o primeiro homem e a primeira mulher na terra, Deus "viu tudo quanto havia feito e achou que era bom" (1,31). Mais tarde, quando terminou o seu trabalho de criação, repetiu novamente: "E Deus viu tudo quanto havia feito e achou que era muito bom" (1,31)[5].

O amor erótico entre a mulher e o homem é um presente do Criador. As suas mãos moldaram os primeiros corpos sexuados, a sua respiração os infundiu com desejo mútuo. Como disse lindamente Nicolás de la Carrera: "Ao conceber o primeiro casal, Deus inventou o erotismo. A partir desse momento, quando um homem e uma mulher se encontram no amor, Deus caminha com eles na brisa de sua ternura"[6]. A intensa alegria e o entretenimento misterioso que experimentam correspondem ao profundo desejo de Deus. É por isso que os amantes do Cântico dos Cânticos se contemplam, celebram a beleza dos corpos um do outro e cantam com gratidão a bondade e a beleza de seu amor, repetindo o grito de satisfação de Deus ante sua criação: "Como és bela, minha amada! Como és bela!" (Cântico 1,15); "E tu, como és belo, querido, como és encantador! O verde gramado nos sirva de leito!" (1,16); "Como és bela, como és atraente, ó amor, com tais delícias!" (7,7); "Como são ternos teus carinhos, minha irmã e minha noiva! / tuas carícias são mais deliciosas do que o vinho" (4,10).

___

5 A palavra hebraica *tob* significa "bom" e "belo" indistintamente.

6 DE LA CARRERA, N. *Amor y erotismo del Cantar de los Cantares*. Madri: Nueva Utopía, 1997, p. 52-53.

Os amantes não pronunciam propriamente uma *beraká*, ou seja, uma bênção explícita a Deus, a fonte última do seu prazer, mas os seus gritos de alegria e satisfação são o reconhecimento da bondade da criação e da realização do desejo do Criador. O dom da vida, e especificamente da vida compartilhada no amor, não gera nesses amantes uma oração explícita a Deus, mas gera um gozo saudável de seus dons. Os amantes do Cântico dos Cânticos agradecem o dom de Deus apreciando-o[7].

2. O amor do casal, um sinal de Deus e abertura ao seu mistério

As línguas conhecem apenas uma palavra para designar as muitas nuanças do amor. Existem muitos amores no mundo; o amor dos pais pelos filhos; o amor dos filhos pelos pais; o amor entre irmãos, amigos ou companheiros; o amor pelas coisas; o amor pelo próprio povo; o amor por um ideal ou por um projeto..., mas o amor mais profundo e misterioso, aquele que serve de referência para uma experiência privilegiada de Deus, é o amor daqueles que estão apaixonados. Esse amor não é apenas uma "alegoria" do amor de Deus. É uma realidade humana desejada pelo Criador, em que mulheres e homens podem intuir o mistério de Deus e ouvir o chamado para se abrirem ao seu amor insondável.

---

7 Cf. VASSEROT, P. "La Bible et le plaisir". In: *Le plaisir*. Paris: Cerf, 1980, p. 69-79.

a) A união dos amantes, um sinal de Deus

A teologia tem afirmado ao longo dos séculos que o homem é a "imagem de Deus", mas geralmente tem sido argumentado que o ser humano, ao contrário de outras criaturas, é a imagem de Deus devido à sua dignidade como pessoa dotada de inteligência e liberdade. Com isso, o significado profundo de Gênesis é esquecido: "Deus criou o ser humano à sua imagem, à imagem de Deus o criou, macho e fêmea Ele os criou" (Gênesis 1,27). Nem o homem nem a mulher são como tais imagens de Deus, senão em sua união e complementaridade. O que nos permite vislumbrar a semelhança com Deus na humanidade é o encontro do homem e da mulher, sua história de amor, sua vida apreciada e compartilhada como casal, que são o verdadeiro sinal e manifestação de Deus. Como diz com razão Xabier Pikaza, o texto do Gênesis: "quer dizer que Deus não se revela como tal no homem nem na mulher, mas na união que os vincula: o próprio amor humano, como realidade criada, é um sinal de Deus para os humanos"[8].

Esta é a mensagem clara do Cântico dos Cânticos: onde nasce o amor misterioso e transbordante entre uma mulher e um homem, onde ambos se procuram, se encontram e se complementam em uma experiência de alegria e fidelidade, ali acontece algo que aponta para Deus. Homem e mulher são feridos pelo amor; foram criados com um vazio que apenas o outro pode preencher. É por isso que são atraídos um pelo

---

8 PIKAZA, X. El *"Cántico espiritual" de San Juan de la Cruz*. Op. cit., p. 160.

outro e se procuram até se encontrarem, descobrirem e desfrutarem do amor compartilhado. A profundidade desse amor é um sinal do mistério original do qual ambos provêm: um Deus que é amor.

Xabier Pikaza chega a falar de uma "teodiceia do encontro intersexual"; para além de outras formas e argumentos conceituais para se aproximar de Deus, a vida alegremente compartilhada pelo homem e pela mulher é um verdadeiro argumento que permite vislumbrar o Criador. Pode-se dizer que: "Deus existe! Nós o encontramos onde um homem e uma mulher olham um para o outro e se apaixonam, se procuram e se entregam"[9]. Um sinal privilegiado de Deus é um homem e uma mulher que se amam, é a experiência que nos diz que o amor de Deus pulsa na origem da vida.

b) O amor do casal, revelação de Deus

Nem todo encontro entre homem e mulher revela Deus da mesma forma. O amor descrito no Cântico dos Cânticos não é um amor qualquer. É um encontro livre e alegre de pessoas que se respeitam mutuamente em sua dignidade e igualdade; é comunhão transparente, pertença recíproca, dom gratuito para o outro, fidelidade. É esse amor que, surgindo no meio da criação, revela Deus. Sempre que o amor triunfa sobre o egoísmo, o engano e a mentira, o amor de Deus na terra se torna transparente. Sempre que o amor de um casal se desdobra

---

9 Ibid.

com toda a sua força, na plenitude da alegria e da exigência, da busca ardente e da entrega fiel, do encontro prazeroso e da comunhão transparente, revela-se de uma forma natural, mas real, o amor de Deus, a origem misteriosa da vida.

O Deus que se revela no amor do casal não é um Deus frio e indiferente, alheio à alegria ou ao sofrimento das suas criaturas; não é um Deus castigador que segue os passos dos humanos com um olhar escrutinador. O Deus que acende e sustenta o amor dos amantes é um Deus apaixonado que procura e anseia por um encontro alegre com o ser humano e com toda a criação; um Deus amoroso que convida homens e mulheres a compartilharem a aventura de entrar no seu amor insondável. Os apaixonados podem sentir isso por experiência própria. Assim fala o Profeta Isaías: "como o noivo se alegra com a noiva, teu Deus se alegra contigo" (62,5).

A fé cristã confirma a mensagem profunda do Cântico dos Cânticos. "Quem não ama não conheceu a Deus, porque Deus é amor" (1João 4,8). Nada maior foi dito sobre Deus ou sobre o amor. O privilégio dos apaixonados é vislumbrar que assim é: se Deus existe, é uma emoção de amor. Do seu amor compartilhado, o casal pode intuir a paixão amorosa de Deus e trazer emoção e calor às elaborações conceituais dos teólogos sobre o amor divino. Guido Ceronetti assim disse: "A leitura erótica do Cântico dos Cânticos é a mais segura, mas não faz sentido se o leito do amor não for iluminado por uma pequena lâmpada que, por meio desses amores transparentes, ilumina o escondido"[10].

---

10 Apud RAVASI, G. *El Cantar de los Cantares*. Bogotá: San Pablo, 1963, p. 26.

c) O amor do homem e da mulher, uma experiência de abertura a Deus

O amor entre o homem e a mulher não é apenas um sinal que aponta para Deus. É o caminho que pode conduzir a Ele. Não é difícil para os apaixonados compreender, sentir e captar que o ser humano foi feito para amar e ser amado: aí reside a verdade última da vida. Existe uma grande "ferida de amor" no ser humano: viemos do amor, procuramos o amor, desde a profundeza de nosso ser ansiamos por amar e ser amados.

Podemos nos aprofundar mais nessa experiência. Quando o amor nasce, é despertado nos apaixonados um desejo de realização que os inunda e vai além do que eles podem dar um ao outro. No fundo do ser humano existe um absoluto vazio que é difícil de preencher. Mesmo na maior plenitude de sua alegria, o amante sabe que a pessoa que ama tão apaixonadamente não pode curar completamente a "ferida do amor" aberta no fundo de seu ser. O que, então, o homem e a mulher, seres limitados e finitos, procuram quando se abraçam, se não podem satisfazer o desejo um do outro de amor infinito e eterno? M. Frish faz esta observação penetrante: "Desejam um ao outro, mas não se encontram, pois já estão aqui; se desejam para transcenderem, porém juntos"[11].

Na sua experiência de amor, os amantes saem de si mesmos para se encontrarem; libertam um ao outro do isolamento; suas vidas transbordam; buscam a plenitude e a realização

---

11 Apud GRESHAKE, G. "Felicidad y salvación". In: BOCKLE, F. et al. *Fe Cristiana y sociedad moderna*. Vol. IX. Madri: SM, 1986, p. 154.

total fora de si mesmos. Por assim dizer, eles começam no caminho do amor; mas no amor nunca se chega ao fim; o mistério sempre permanece; o desejo continua vivo. Mais cedo ou mais tarde, a própria experiência leva os apaixonados a descobrirem que a pessoa amada não é a etapa final. Esse "tu" próximo e quente, abraçado e acariciado com ternura, é o caminho e a presença do "Tu" absoluto. Como diz o Cântico dos Cânticos, o amor é "labareda divina" (Cântico 8,6). Quando dois seres humanos se entregam um ao outro em um abraço de amor intenso, porém frágil e limitado, surge um "Tu" misterioso, fascinante, insondável, que continua a convidar ambos a uma maior realização. Quando dois seres se tocam interiormente, a ponto de se perderem um no outro, a pessoa amada não é uma fonte de felicidade absoluta, mas pode ser um "lugar de encontro com o Absoluto". O poeta Miguel d'Ors experimenta algo assim quando canta estes belos versos: "com o seu olhar caloroso/alguém que não é você está olhando para mim/ sinto/ confuso no seu outro amor indescritível/ Alguém me ama no seu "eu te amo, Alguém/ acaricia a minha vida com as suas mãos e põe/ em cada beijo seu o seu pulsar"[12].

3. A fragilidade do amor erótico

Tudo isso é lindo e atraente, mas quem ama como os amantes do Cântico dos Cânticos se amam? É verdade, como diz Francis-

---

12 Apud DE LA CARRERA, N. *Buscando a Dios entre luces*. Madri: BAC, 2000, p. 120.

co Contreras, que "o amor nasce sempre limpo da sua fonte, que o coração humano é iluminado pela graça de Deus"[13], mas o homem e a mulher são criaturas frágeis que levam o sopro de Deus nos seus corações, apesar de terem sido feitos do barro. Não vemos constantemente o fracasso do amor, casamentos desfeitos, casos frívolos ou infidelidade permanente, abusos e maus tratos, degradação nos encontros sexuais, estupros e manipulações?

Ulrich Beck, renomado sociólogo de Munique, e sua esposa Elisabeth publicaram um denso estudo intitulado *O caos normal do amor*[14], no qual estudam a situação decadente e contraditória da experiência do amor nas sociedades modernas. De acordo com eles, o caos do amor já faz parte da normalidade. Convive-se como um casal estável e de maneira ocasional, com matrimônio ou sem matrimônio, com um ou mais divórcios, por meio de famílias novas e diversificadas. O calor de um parceiro é mais necessário do que nunca, mas cresce o medo de entrar nos "labirintos de um estranho"; anseia-se por uma união estável, mas não há renúncia à aventura; o casamento é abominável, no entanto, os casamentos se repetem; procura-se a entrega íntima ao outro, mas aumenta a desconfiança antecipada; já não se trata apenas de estabelecer previamente a separação dos bens; na Alemanha e nos Estados Unidos são assinados documentos que preveem que o local de férias será escolhido alternadamente por ambas as partes. Onde está o encanto dos apaixonados do Cântico dos Cânticos?

---

13 Apud ibid., p. 57.

14 BECK, U. & BECK, E. *El normal caos del amor*. Barcelona: Paidós, 2001.

a) Os limites e a fragilidade do encontro erótico

O amor que o Cântico dos Cânticos celebra é uma realidade frágil e sempre ameaçada. Aponto duas das suas limitações mais graves[15].

A feliz experiência do amor apaga ou oculta as imperfeições e os defeitos da pessoa amada. O amor erótico é atraído pela beleza e encanto do momento. O lado obscuro e negativo da pessoa amada não é contemplado. Assim canta o apaixonado: "És toda bela, minha querida, e em ti não há defeito algum" (Cântico 4,7). No entanto, as limitações, deficiências e egoísmos de ambos logo se tornarão evidentes. É então que a sedução pode desaparecer. O amante que só ama com amor erótico tende a amar no outro aquilo que é fonte de sua própria alegria e prazer, ao mesmo tempo que se distancia daquilo que lhe causa desconforto e desagrado; deseja e ama o outro "pela metade", apenas o que é atraente. Se não transcender esse amor erótico, corre o risco de procurar o outro, não em sua totalidade como pessoa amada, mas como objeto a serviço dos seus próprios interesses. É então que desaparecem a beleza, o encanto e o fascínio do encontro entre o homem e a mulher, presente do Criador, pois todo amante que confia e se entrega ao outro pede para ser acolhido e aceito inteiramente, com suas limitações e suas tristezas, com suas luzes e suas sombras.

Por outro lado, o amor erótico apaga todas as outras pessoas do cenário. O mundo fica esquecido e ausente. Os amantes estão sozinhos na terra; não existe tempo, não existe

---

15 In: CASALIS, G.; GOLLWITZER, H. & DE PURY, R. *Un chant d'amour insolite: le Cantique des Cantiques*. Paris: Desclée de Brouwer, 1984, p. 59-80.

mundo, não existe ninguém; apenas eles em seu emocionado encontro. É assim que aparece no Cântico dos Cânticos: a mãe da amante, os irmãos, os amigos, o rei e seu harém, os guardas que patrulham a cidade... formam apenas o pano de fundo que serve para realçar ainda mais o encontro único dos dois. No entanto, logo esse mundo se torna entrelaçado em sua história de amor. Se se fecharem em seu amor erótico, ficarão afastados da vida real, recolhidos em si mesmos, reclusos em um isolamento compartilhado. Contudo, quando se entregam um ao outro, os apaixonados não renunciam às suas raízes ou ao seu ambiente de vida, não desejam ser mutilados em seus projetos pessoais, não esperam ser despojados de sua condição social, mas sim capacitados para viverem juntos.

Assim, para se manter vivo como fonte de enriquecimento humano, o amor erótico coloca duas sérias questões aos amantes: querem viver plenamente o seu amor pelo outro, compartilhando felicidades e sofrimentos, alegrias e tristezas, prazeres e ajuda mútua, ou desejam apenas apertar um ao outro como objetos de prazer? Querem saborear o amor isolando-se na própria felicidade e fechando-se em uma solidão compartilhada ou querem conhecer e desenvolver a expansão do amor nas diferentes dimensões de sua vida individual, familiar e social?

b) Ampliação do amor erótico

O termo *eros*, comum na literatura grega, é um termo utilizado sobretudo para falar do amor com que se ama o outro pelo que dele se recebe: alegria, prazer, companhia, segurança, conforto. *Eros* significa, portanto, um movimento em direção àquela pessoa de quem esperamos ou em quem encontramos satisfação e realização do nosso desejo. Não devemos confundir esse amor erótico com a mera busca da satisfação sexual. Quando o amante procura apenas desfrutar do sexo do outro, esquecendo-se da totalidade de sua pessoa, trata o outro como uma coisa e, portanto, não sai de si mesmo para o encontro pessoal mútuo; continua fechado em seu próprio egoísmo. Quando, pelo contrário, ama com amor erótico, procura o encontro alegre com a pessoa amada e vai em sua direção para que juntos desfrutem da felicidade de sua misteriosa comunhão.

Assim, o amor erótico desperta um desejo que não precisa ser possessivo; esse desejo inclusive tenta "atrair a pessoa amada como fator da própria felicidade"[16], o que não significa reificar ou distorcer o encontro amoroso. Além disso, poderá o ser humano realmente amar senão com amor erótico? Só Deus é amor absolutamente gratuito, amor amante, sem qualquer indigência, capaz de amar sem receber ou sem ser enriquecido. O ser humano, por outro lado, pobre e indigente, não parece capaz de amar senão esperando ou desejando receber: dá amor esperando ser amado[17]. O risco do amor erótico, condicionado pelo que recebe do outro, é tornar-se um prisioneiro de si mes-

---

16 RAHNER, K. "Amor". In: *Sacramentum Mundi*. Vol. I. Barcelona: Herder, 1972, col. 117.

17 Sabe-se que, segundo Platão, na mitologia grega, Eros é filho de Penia (pobreza) e Poros (riqueza), ou seja, o amor erótico é filho de uma "pobreza" que sai em busca de uma "riqueza".

mo, sob a ameaça de se extinguir na medida em que o outro não responda ao seu próprio desejo.

À luz de Jesus, revelação do amor livre e incondicional de Deus, as comunidades cristãs difundiram outro termo para falar de amor, *ágape*, que destaca o amor com que se ama a outra pessoa, atendendo às suas necessidades ou desejos e buscando o seu bem, mesmo quando quase não se recebe nada de gratificante. Nas primeiras comunidades cristãs se citava um ditado atribuído a Jesus: "Maior felicidade é dar do que receber" (Atos dos Apóstolos 20,35). É, portanto, um amor com grande peso de gratuidade, não condicionado apenas pelo erótico, mas um amor que inclui a aceitação do outro naquilo que é negativo e desagradável, a atenção ao ser amado na sua fraqueza, a paciência e até mesmo o perdão[18].

O amor *ágape* não exclui ou elimina o amor erótico, mas o questiona e o desafia, pois recorda que amar é querer o bem para o outro ou, em outras palavras, é ser feliz fazendo feliz a pessoa amada. Isso faz com que seja necessário rever se na relação existe prioridade para a própria satisfação ou para o direito do outro à sua felicidade. *Eros* e *ágape* não se excluem, mas complementam-se e enriquecem-se mutuamente. Eles são como "as duas faces do amor" plenamente humano[19]. Nada melhor do que um amor erótico impregnado todo o tempo

---

18 Sobre o afeto, a amizade e o eros e a caridade, já se tornou clássico o estudo: LEWIS, C.S. *The four loves*. Nova York: Harcourt/Brace, 1960.

19 GOLLWITZER, H. In: CASALIS, G.; GOLLWITZER, H. & DE PURY, R. *Un chant d'amour insolite*. Op. cit., p. 71.

pelo amor incondicional do *agape*; nada melhor do que um amor agápico vivido com a ternura, a alegria e o calor de *eros*[20].

4. A mensagem do Cântico dos Cânticos em nossos dias

O Cântico dos Cânticos contém uma mensagem cheia de promessas e apelos. Vou apontar brevemente alguns aspectos.

a) O erotismo na vida humana

A celebração do amor erótico no Cântico dos Cânticos obriga-nos a repensar e a corrigir uma tradição teológica que, preocupada quase exclusivamente com a moralidade ou imoralidade da relação sexual, acabou muitas vezes por desacreditar seriamente da condição sexual do ser humano, entendendo-a como pecado ou degradação da pessoa e esquecendo-se da sua bondade natural, um dom do Criador. A Igreja "moralizou" a sexualidade, mas não a "evangelizou". Tentou controlar rigidamente o desejo sexual, gerando muitas repressões e culpas doentias, mas nem sempre soube anunciar a Boa-nova de que é um dom de Deus para ser desfrutado com alegria e gratidão. Temos de reconhecer isto com humildade e verdade: em pleno século XXI continuamos sem oferecer aos seguido-

---

20 A fórmula do consentimento matrimonial na liturgia católica destaca precisamente estes dois aspectos de um amor plenamente humano: "Eu, N., te recebo N., por meu/minha esposo/a e te prometo ser fiel, amar-te e respeitar-te, na alegria e na tristeza, na saúde e na doença, todos os dias da nossa vida".

res de Jesus – homens e mulheres – chaves teológicas que os ajudem a encontrar o lugar certo para o erótico em suas vidas.

Por outro lado, a cultura moderna expulsou a moralidade cristã tradicional da sociedade, mas o faz introduzindo frequentemente mais problemas e ambiguidades. A libertação de antigas repressões é promovida, mas se cai em novas escravidões. Longe de ver nascer homens e mulheres novos, saudáveis e maduros, somos testemunhas de novas frustrações, de vazios e da solidão de jovens que "fazem amor", mas não são capazes de viver a ternura e a alegria de um amor de comunhão. A satisfação descontrolada dos impulsos sexuais, a redução do encontro erótico à genitalidade, a banalização do sexo, a promiscuidade ou a manipulação mútua estão levando muitos a experimentarem a frustração do desejo mais profundo que existe no ser humano: o de amar e ser amado.

Vivemos tempos de crises, mudanças e buscas. O caminho a seguir não é o moralismo rígido de outras épocas, tampouco o desequilíbrio atual. O livro sagrado do Cântico dos Cânticos não é uma lâmpada preciosa que devemos continuar procurando?

b) O Sacramento do Matrimônio

O Cântico dos Cânticos também questiona a concepção muitas vezes empobrecida da instituição do casamento. Não é fácil superar a visão do casamento apresentada por séculos como *remedium peccati* ou *remedium concupiscentiae*, ou seja, como um "lugar legal" onde se pode viver sem culpa algo que fora dele é pecaminoso, como se fosse a instituição eclesiástica e não o gesto criador de Deus que concedesse ao desejo erótico e ao encontro do homem e da mulher a sua bondade, beleza e encanto. O Cântico dos Cânticos é um convite a valorizar o casamento como uma experiência privilegiada em que os cônjuges vivem o seu amor como "sacramento", no qual podem significar e experimentar o amor de Deus.

Ao se casarem, os cônjuges cristãos expressam o desejo e o compromisso de viverem o seu amor perante a comunidade cristã e a sociedade como sinal, expressão e encarnação do amor de Deus, que nos foi revelado em Cristo Jesus. Ao fazerem do amor um "sacramento", é isto que nos estão dizendo: "Queremos viver o nosso amor como um sinal, frágil mas real, do amor de Deus. Aqueles de vós que podem ver como nos amamos, podem de alguma maneira sentir como Deus nos ama em Cristo Jesus. Queremos que o nosso amor vos lembre de como Deus vos ama". Ao mesmo tempo, ao se comprometerem a viver o seu amor como um "sacramento", os cônjuges dizem isto um ao outro: "Amo-te com tanta profundidade e verdade, com tanta dedicação e fidelidade, que quero que vejas no meu amor a marca mais clara, o sinal mais visível de como Deus te ama. Quando sentires como te amo, como te cuido, como te perdoo, poderás de alguma forma sentir como Deus te ama".

Não devemos esquecer de que o casamento não é meramente um sacramento, mas um estado sacramental. O casamento é apenas o ponto de partida para uma vida matrimonial, que é sacramentalizada. A entrega mútua e a dedicação, o perdão dado e recebido, as expressões de amor e ternura, a intimidade sexual compartilhada e desfrutada, a abnegação de cada dia com suas alegrias e sofrimentos, toda essa vida conjugal é "sacramento", um lugar de graça, uma experiência em que Deus se torna verdadeiramente presente para os cônjuges. Esse caráter sacramental dá toda profundidade e plenitude ao abraço conjugal. Os cônjuges cristãos não "fazem amor", mas vivem e celebram-no. O ato de amor é uma celebração em que o marido e a mulher, com a sua capacidade erótica, com a comunhão de seus corpos e almas, com o seu prazer compartilhado, tornam Deus presente em seu meio. É especialmente nessa experiência íntima que melhor podem intuir e, de alguma forma, desfrutar o amor insondável do Criador.

c) *A fé em um Deus apaixonado*

O amor entre o homem e a mulher não é a única experiência para intuir o mistério de Deus. Na tradição de Israel, a libertação da escravidão e da injustiça ocupa um lugar privilegiado como uma experiência que revela Deus como libertador da vida. Onde quer que um povo seja libertado da escravidão, onde quer que um ser humano seja ajudado a recuperar a sua dignidade, aí se manifesta o Deus dos pobres e dos excluídos, o defensor dos indefesos. A partir dessa experiência, toma forma essa imagem de Deus que é tão belamente descrita no Livro de Judite: "És o Deus dos humildes, o socorro dos oprimidos, o amparo dos fracos, o protetor dos abandonados, o salvador dos desesperados" (Judite 9,11). No entanto, juntamente com essa experiência, o amor entre homem e mulher tem grande importância, visto que é uma experiência primordial, intensa e universal, declarada desde o início como um símbolo poderoso que nos permite descobrir no ser humano uma "semelhança" com Deus. A sua importância fica ainda mais evidente quando se verifica que o acesso a Deus por caminhos que ignoram a experiência do amor pode levar a uma imagem desumana e até cruel da divindade.

A imagem de um Deus todo-poderoso, Senhor eterno, castigador implacável de erros e pecados, Rei soberano... dificilmente encontra eco no coração das pessoas. Esse Deus difuso e distante, que governa a história humana do alto do universo, não atrai nem fascina, não seduz nem encanta. Em vez disso, deixa os corações frios e indiferentes. Mas o amor continua atraindo misteriosamente o ser humano. É por isso que o Cântico dos Cânticos pode ser hoje um caminho humilde, porém luminoso, para aproximar novamente Deus dos homens e das mulheres que o procuram, talvez sem saberem que na própria experiência do amor podem encontrar o melhor ponto de partida para sentirem o Mistério de um Deus com um rosto diferente[21].

Um Deus amor, um Deus amigo e amante, apaixonado pelas suas criaturas, que ama cada ser com deleite. Um Deus

---

21 Cf. ROCCHETTA, C. *Teología de la ternura* – Un "evangelio" por descobrir. Salamanca: Secretariado Trinitario, 2001. • MCFAGUE, S. *Modelos de Dios* – Teología para una era ecológica y nuclear. Santander: Sal Terrae, 1994.

grande, que não cabe em nenhuma religião ou igreja, pois habita no segredo de cada coração. Um Deus que abraça toda a criação, que se alegra com aqueles que se alegram e que chora nas lágrimas daqueles que choram. Um Deus que ama o corpo e a alma, a alegria erótica e a beleza, o amor humano e a felicidade. Um Deus que apenas está próximo de nós por amor e que um dia nos julgará, não como com um juiz julga um criminoso, mas como um amante olha para o ser amado que o traiu. Um Deus que nos liberta dos medos e desperta a nossa dignidade. Um Deus que, longe de provocar angústia perante a morte, estará abraçando com ternura cada pessoa enquanto agoniza, para finalmente começar com cada uma delas a festa do seu amor misterioso e insondável. Um Deus pelo qual é possível se apaixonar.

Esse Deus é aquele que se encarna e se revela em Jesus, o profeta da ternura, que soube acariciar os leprosos e amaldiçoados e ter nos braços as crianças. O homem de amor puro que se deixou tocar pela mulher que sangrava e ser beijado pela prostituta. O homem cujas "entranhas estremeciam" ao ver os enfermos sofrerem e cujas lágrimas escorriam ao saber da morte de um amigo ou ao pensar na destruição de Jerusalém, sua amada cidade. O profeta que amaldiçoou aqueles que submeteram a vida ao peso de uma lei vazia de amor e convidou todos os oprimidos a encontrarem alívio e descanso em sua mensagem de amor. O homem que viveu amando e espalhando amor, o profeta de cujos lábios sempre saíram palavras cheias de ternura: "não chores", "não tenhas medo", "por que duvidas?", "tem fé", "todas as coisas são possíveis para aqueles que acreditam no amor". O homem que "amou os seus até o fim" e, ao aceitar a execução em uma cruz, revelou-nos para sempre o amor apaixonado com que Deus nos ama. O homem que morreu amando cegamente o ser humano, pois só de um coração cego pelo amor podem nascer as palavras que Jesus disse para Deus enquanto os algozes o crucificavam: "Pai, perdoa-lhes porque não sabem o que fazem". Aqueles que creem têm razão quando sentem no fundo dos seus corações que as palavras de João são verdadeiras: "Deus é amor".

2

A ORIGINALIDADE

DO CASAMENTO CRISTÃO

Em muito pouco tempo, houve uma mudança profunda na concepção de que as pessoas têm sobre o amor, a sexualidade, o casamento, a fidelidade conjugal ou a família. Ao mesmo tempo, o casamento civil foi introduzido e reavaliado como uma alternativa ao casamento na igreja. Os jovens que não aceitam a visão cristã do casamento e as suas consequências casam-se civilmente. Da mesma forma, outros casais continuam a se casar na igreja, porém não por profunda convicção de fé, mas por motivos ambíguos de ordem sociológica ou familiar.

Daí a importância de se responder atualmente com certa lucidez a esta pergunta: onde está a originalidade do casamento cristão? O que significa o casamento na igreja? É bom que os casais estejam esclarecidos acerca da sua própria posição sobre o futuro matrimonial, mas para isso é necessário que saibam do que se trata a originalidade do casamento cristão.

1. Para uma visão mais adequada do casamento cristão

Em primeiro lugar, é necessário apontar, ainda que brevemente, as mudanças mais importantes que ocorreram nos últimos anos na visão teológica sobre o casamento, especialmente a partir da Constituição *Gaudium et Spes*, do Concílio Vaticano II.

a) De uma concepção jurídica até uma visão mais existencial do casamento

Durante séculos a ênfase principal tem estado acima de tudo na visão legal do casamento: o casamento como instituição, as condições para a sua validade, a natureza do casamento legal, as dispensas... Dessa forma, o amor real e vivo do casal foi colocado em segundo plano. De alguma maneira, o casamento surgiu simplesmente como uma instituição legal dentro da qual a atividade sexual entre o homem e a mulher pode ser exercida sem cair em pecado.

Mas se prescindirmos ou não valorizarmos adequadamente a realidade humana do amor mútuo do casal, estaremos ignorando precisamente o que é a base e o ponto de partida de qualquer casamento. Se esquecermos da experiência amorosa do casal e compreendermos o casamento eclesiástico exclusivamente como uma instituição jurídica, estaremos destruindo a realidade mais profunda do casamento cristão, pois o casamento só pode ser um sacramento se o amor de Deus for expresso, encarnado e sacramentado no amor mútuo do casal.

b) Do casamento como contrato ao casamento como vocação

Do ponto de vista jurídico o casamento é visto como um contrato livremente celebrado com o consentimento das duas partes. Um contrato no qual se originam alguns direitos e algumas obrigações. Assim se fala dos deveres matrimoniais, do direito ao corpo do outro ("débito sexual")...

A teologia atual e o Vaticano II tratam do casamento não como um contrato, mas como uma vocação. Os cônjuges cristãos, "cumprindo sua missão conjugal e familiar, penetrados do espírito de Cristo [...] avançam sempre mais na própria perfeição e mútua santificação e cooperam assim juntos para a glorificação de Deus" (*Gaudium et Spes*, 48).

O casamento não deve ser reduzido a um contrato. O compromisso mútuo dos novos cônjuges é antes o ponto de partida de um projeto comum e de uma vida conjugal compartilhada, a partir dos quais eles são chamados a realizar o seu pleno desenvolvimento pessoal: humano e cristão.

c) Dos objetivos do casamento até as exigências do amor conjugal

A teologia tradicional falava dos objetivos do casamento. Em primeiro lugar foi apresentado o objetivo primário e específico, que consiste na procriação dos filhos. Em seguida foi apresentado o objetivo secundário: ajuda mútua, complementação sexual, compreensão recíproca... Se o casamento for visto por essa perspectiva, o amor está subordinado à procriação, e o casamento é reduzido a uma instituição legal socialmente necessária para a atividade sexual. Compreende-se a famosa

44

frase de Karl Marx: "o casamento burguês é uma prostituição legalizada".

O Vaticano II não quis mencionar essa doutrina tradicional sobre os objetivos do casamento. Pelo contrário, o matrimônio é considerado antes de tudo como uma comunidade de amor conjugal que se expressa, se realiza e se desenvolve no encontro sexual. Esse amor conjugal tem valor em si mesmo. Só mais tarde é dito que essa comunidade de amor conjugal é chamada a ser fonte de vida. O encontro conjugal é aberto à fecundidade.

d) Dos direitos e deveres matrimoniais a uma visão do casamento como comunidade de amor

De uma perspectiva jurídica, a experiência matrimonial do casal é facilmente reduzida a um conjunto de direitos e obrigações. Como consequência do contrato de casamento, os cônjuges adquirem alguns direitos: utilização do corpo do outro cônjuge como se fosse seu para a procriação; direito à fidelidade do outro...; e contraem algumas obrigações: procriação de filhos, educação adequada, fidelidade conjugal, ajuda mútua...

O Vaticano II entende o casamento como uma comunidade de amor. É o amor do casal que vivifica e dá sentido a toda a sua vida conjugal. Se a moralidade conjugal fosse reduzida ao cumprimento de alguns deveres e à exigência de direitos nascidos de um contrato, poderia terminar em puro legalismo destituído de amor. Em vez disso, devemos insistir que o amor do casal é a verdadeira fonte de responsabilidade conjugal e de fidelidade recíproca.

Em suma, quando se trata de apresentar aos casais uma visão correta do casamento, é necessário ter o cuidado de utilizar a linguagem mais adequada e de apresentar o conteúdo mais apropriado. Não é a mesma coisa falar da instituição do casamento e do amor conjugal, do casamento como contrato ou do casamento como vocação, dos objetivos do casamento ou das exigências do amor conjugal, dos direitos e deveres matrimoniais ou do casamento como comunidade de amor.

2. A realidade humana do casamento

Antes de falar sobre a originalidade do casamento cristão, devemos avaliar devidamente toda riqueza e profundidade do casamento como uma realidade humana, independentemente de ser vivido no âmbito de determinada religião ou no contexto da sociedade civil. O casal que não souber valorizar devidamente a riqueza natural do seu casamento em suas diferentes dimensões, não saberá valorizar ou viver o casamento a partir da originalidade cristã. De maneira bastante sintética, vamos apontar as principais dimensões do casamento.

a) Convivência sexual

O casamento é uma convivência sexual. Homem e mulher, sexualmente diferentes e complementares, unem-se para viverem plenamente o alegre mistério de sua sexualidade. Essa convivência sexual abrange vários aspectos. Descrevo abaixo os níveis mais importantes.

O homem e a mulher podem se expressar por meio de seus gestos corporais e da linguagem própria da sua sexualidade. Dessa forma, homem e mulher saem do seu interior e revelam-se e descobrem-se um ao outro. Essa expressão por meio da sexualidade – beijos, abraços, carícias, acolhimento, abraço conjugal... – é plenamente humana quando é sincera e quando encontra resposta e confiança reais no outro.

Mas o homem e a mulher não só se expressam, mas também se comunicam e se encontram sexualmente no casamento, porque ambos se sentem chamados a viverem juntos sexualmente. Não se trata de um encontro meramente biológico ou fisiológico. O encontro sexual é humano quando as pessoas se abraçam por meio de seus corpos, ou seja, quando se fazem presentes e se comunicam como pessoas. Isso, naturalmente exige que o encontro sexual não seja ambíguo, não uma máscara que esconda a pessoa, mas sim uma comunicação do que há de melhor em cada uma delas.

b) Comunidade de amor

Essa convivência sexual é plenamente humana quando expressa e personifica um amor verdadeiro entre homem e mulher. Quando o casamento é amor responsável pelo outro, cuidado afetuoso, procura pelo bem do outro, dedicação desinteressada e generosa.

Esse amor mútuo, pela sua própria dinâmica, pede fidelidade. O amor vai além daquele instante que está sendo vivido. O amor também olha para o futuro. Não se pode acabar com ele antes de começar a destruí-lo. Não se pode amar completamente uma pessoa estabelecendo um limite ou uma data. É por isso que o amor conjugal, se autêntico, pede a promessa de ser vivido para sempre sendo fiel à pessoa amada.

É muito importante reconhecer o valor humano da fidelidade, independentemente das crenças ou da fé do casal. O clima sociocultural de nosso tempo favorece a inconstância, a infidelidade, a superficialidade dos contatos sexuais e a banalização das relações interpessoais, mas devemos reconhecer que a fidelidade à pessoa amada é um valor exigido pela própria natureza do amor verdadeiro.

c) Realidade social

A convivência sexual exige ser aceita e reconhecida socialmente. Não podemos esquecer de que o homem e a mulher que compartilham uma vida conjugal não são indivíduos isolados, mas membros de uma determinada sociedade. Uma concepção romântica do amor como algo que deve ser vivido exclusivamente na intimidade ou na esfera privada esquece da dimensão social do casal. Um amor secreto, escondido da sociedade ou socialmente não reconhecido, dificilmente conduzirá as pessoas que o vivem à sua plena realização e expansão.

É importante valorizar essa dimensão social do casamento, independentemente de ser um casamento civil ou religioso. Se o vínculo amoroso é reduzido à esfera do comportamento privado, ainda lhe falta algo para ser vivido de maneira plenamente humana: a sua integração no contexto social. Por isso é fácil compreender que não poucos casais, depois de uma convivência sexual relativamente longa, decidem se casar civilmente ou na igreja.

d) Comunidade aberta à fertilidade

O encontro sexual de um casal estável é chamado a ser fonte da vida humana. O encontro sexual é um encontro amoroso, mas, pela sua própria natureza, é um encontro intimamente voltado para fazer nascer uma nova vida.

O ato conjugal expressa e realiza a doação mais íntima e absoluta que pode ocorrer entre um homem e uma mulher, mas, pela sua própria dinâmica, está aberto a uma terceira possibilidade: um filho. No ato conjugal, o homem não apenas se entrega à mulher que ama, mas também lhe oferece a sua capacidade de gerar, a sua capacidade de ser pai: "Eu quero que você seja minha esposa e que eu tenha um filho seu". A mulher não apenas se entrega total e incondicionalmente ao homem, mas também entrega a sua capacidade de gerar, ela oferece o seu ventre fértil: "Quero ser sua e ter um filho seu".

É importante valorizar essa dimensão da fertilidade, independentemente das crenças e da moral de cada um. O ser humano é chamado a ser fecundo. Os cônjuges são chamados a ser "uma só carne", mas não devem esquecer de que normalmente essa carne pode tornar-se "berço" de um filho que vem selar e personificar de uma forma natural o amor conjugal dos pais.

Em resumo, é importante que os casais que se preparam para o matrimônio, antes de falarem do casamento cristão, saibam valorizar o casamento em toda a sua profundidade e riqueza como uma realidade humana, em suas várias dimensões: como convivência sexual, comunidade de amor, realidade social e comunidade aberta à fertilidade.

3. Viver o casamento como sacramento

Jesus não instituiu nada de novo em relação ao casamento. O que Ele fez foi restaurar o casamento à sua primeira originalidade e chamar os seus seguidores – homens e mulheres – a viverem o seu amor respondendo ao primeiro desígnio do Criador: que o homem e a mulher sejam "uma só carne", como Deus quis desde o início. O sacramento não é algo acrescentado ao casamento. É simplesmente o casamento vivido a partir da fé cristã: vivido como "sinal", como "sacramento" do amor de Deus, que nos foi manifestado em Cristo Jesus.

Portanto, quando um casal "casa-se na Igreja", os noivos estão simplesmente se comprometendo a viver o seu amor concreto como "sacramento" do amor de Deus. Mas, para entender isso bem, precisamos compreender o que é um sacramento. Se tivermos sucesso descobriremos um horizonte insuspeitado e uma riqueza imensa para viver o casamento cristão.

a) O ser humano é sacramental

"Sacramento" é uma palavra que vem do latim *sacramentum* e significa "símbolo", "sinal". Sacramento é, portanto, algo que nos faz descobrir ou que nos revela outra realidade que, de outra forma, permaneceria oculta para nós. Por exemplo, a aliança de casamento que vemos na mão de uma pessoa é um símbolo, um sinal, um "sacramento" de que essa pessoa está noiva ou é casada com alguém.

É por isso que podemos dizer que o ser humano é sacramental, que tem uma estrutura sacramental. Existe dentro do seu interior todo um mundo íntimo, invisível e misterioso que é descoberto, revelado e manifestado por meio do corpo. A pessoa é amor, medo, ternura, alegria, tristeza, projetos, questionamentos, cansaço, fraqueza, entusiasmo, paixão, solidariedade, luta, esperança... Toda essa vida interior pode ser apresentada exteriormente por meio da corporeidade.

O nosso corpo é o grande "sacramento", o meio de expressão que permite nos manifestarmos e nos comunicarmos com os outros. Os olhares, os gestos, as palavras, o sorriso, o beijo, os abraços, os toques, as mãos, o rosto... o corpo inteiro nos permite "sacramentalizar", ou seja, expressar e viver tudo o que está dentro de nós.

Graças ao corpo nos expressamos, nos comunicamos e nos encontramos com os outros. O ser humano é uma vida interior, misteriosa, invisível, espiritual, que se expressa e se realiza em e por meio de um corpo visível, sensível e palpável. O ser humano vive, cresce e se realiza de maneira sacramental.

b) A necessidade de sacramentalizar a vida

Devido à sua estrutura sacramental, o ser humano sente necessidade de "sacramentalizar" a vida. E quanto mais profundamente ele vive a si mesmo e quanto mais profundamente vive a sua relação com as pessoas e com as coisas, mais profundamente sente essa necessidade de "sacramentalizar" a realidade à sua volta. Os antropólogos descobriram que as pessoas estão presentes no mundo em três níveis diferentes.

Em um primeiro nível o ser humano olha para o mundo como um estranho. Dificilmente sabe ou compreende alguma coisa. O homem primitivo ou a criança moderna se maravilha com as coisas e os fenômenos. Contempla tudo com curiosidade, fica espantado, teme, adora, reverencia. É a primeira atitude, a mais básica e elementar.

Em um segundo nível a pessoa domina as coisas e os fenômenos. Analisa-os, controla-os, trabalha-os, domestica-os, transforma-os, organiza-os. É o *homo faber* que desenvolve a ciência, a tecnologia, o domínio do cosmos.

Em um terceiro nível a pessoa se aproxima das coisas e dos fatos para lhes conferir um valor simbólico. Já não são mais meros objetos a serem contemplados ou a serem trabalhados e dominados. Nós os transformamos em símbolos, sinais, chamadas. Assim, as coisas e os acontecimentos são portadores de uma mensagem, de uma experiência. Adquirem um valor sacramental. Vejamos de maneira mais concreta.

Sacramentalizamos ou atribuímos um caráter simbólico especial a algumas realidades: todas as árvores podem evocar experiências vividas à sua sombra, mas aquela árvore ao lado da qual enterramos as cinzas da nossa mãe terá sempre algo de muito especial e único para nós. Sacramentalizamos de maneira particular alguns fatos: muitas vezes saímos para tomar uma bebida, mas a bebida que tomamos para celebrar um encontro com um amigo de infância quase esquecido é diferente. Também sacramentalizamos alguns momentos ou datas especiais: todos os dias parecem iguais, mas o dia do aniversário de casamento, da festa da cidade, de um aniversário ou de uma despedida são diferentes. Também sacramentalizamos a nossa relação com algumas pessoas de uma maneira muito especial: todas as pessoas podem despertar o nosso amor ou a nossa amizade, mas existem pessoas únicas: a noiva, o avô, a mãe, aquele amigo da infância.

Em outras palavras, o ser humano não é apenas sacramental, mas também enche de valor simbólico ou sacramental o mundo em que vive. Sacramentaliza a sua existência e todas as coisas, acontecimentos, momentos; pessoas se tornam pequenos ou grandes "sacramentos" que evocam, alimentam e enriquecem a nossa experiência.

c) Jesus Cristo, sacramento de Deus

Para um crente, o mundo inteiro pode tornar-se sacramento de Deus. Deus é um mistério invisível e insondável, mas está na mesma raiz do mundo e da vida. E, por isso mesmo, pode ser anunciado, sugerido e manifestado por meio de fatos, experiências, fenômenos que podem nos contar sobre Ele. Toda a criação pode se tornar um "sinal", um "indício" ou um "rastro" de Deus para aqueles que creem.

Por outro lado, existem pessoas que com seu poder criador, sua inteligência, sua capacidade de amar, sua liberdade, sua generosidade, seu mistério, são o melhor rastro, o melhor sinal que pode nos falar sobre Deus. Para os cristãos existe apenas um homem, o verdadeiro sacramento de Deus em quem Deus se revela e se manifesta como em nenhum outro: Jesus Cristo.

Por meio da encarnação, o mistério insondável de Deus se tornou visível para nós em Jesus. Deus é amor insondável, perdão, acolhimento, respeito, carinho, preocupação com os seres humanos. Pois bem, esse Deus invisível se manifesta para nós, se revela a nós e se "sacramentaliza" em Jesus. Assim falam os primeiros cristãos: "pois nele habita toda a plenitude da divindade em forma corporal" (Colossenses 2,9). Nele "apareceu a bondade de Deus, nosso Salvador, e seu amor para com todos" (Tito 3,4).

Os gestos de Jesus, as suas palavras, os seus abraços às crianças, a sua bênção, o seu perdão, as suas curas, o seu acolhimento amigável aos pecadores, as suas mãos, a sua proximidade com os necessitados, a sua entrega até a morte, tudo isso é sacramento de Deus. Em Jesus Cristo, o amor de Deus pela humanidade é revelado e se torna presente de uma maneira eficaz. Jesus Cristo é o grande sacramento de Deus.

Quando Jesus está presente, nenhum sacramento é necessário. Quem quer que tenha se encontrado com esse homem, encontrou-se com Deus. Quem quer que tenha entrado em contato com Jesus, entrou em contato com Deus. Aquele que ouviu o perdão de seus lábios foi perdoado por Deus. Aquele que foi curado por Jesus foi curado por Deus. Podemos encontrar com o Deus invisível por meio da humanidade de Jesus, que é o seu grande sacramento.

d) A Igreja, sacramento de Jesus Cristo

No entanto, depois de sua morte e ressureição, Jesus desaparece do horizonte visível do nosso mundo e fica afastado do plano aparente e sensível em que nos movemos. Não podemos mais nos encontrar diretamente com o corpo de Jesus. Ficamos, de alguma maneira, privados desse grande sacramento de Deus que é Jesus.

Mas nem mesmo depois da morte e ressureição de Jesus a dimensão sacramental do nosso encontro com Deus é perdida. Respeitando a estrutura sacramental do ser humano, profundamente ligada ao corpo e ao mundo do sensível, Deus agora continua a se oferecer sacramentalmente por meio da Igreja de Jesus aos seus seguidores.

A Igreja é agora "o Corpo de Cristo", a comunidade na qual podemos encontrar Cristo Jesus por meio de gestos visíveis, sensíveis e compreensíveis. Nessa comunidade, muitas vezes medíocre, fraca, rotineira e pecadora, acontece, no entanto, algo decisivo: a presença sacramental de Jesus Cristo.

Podemos dizer que toda a Igreja, em sua totalidade, é um sacramento de Jesus Cristo. Tudo na Igreja tem uma dimensão sacramental: as pessoas que integram as comunidades cristãs, os evangelhos que são proclamados entre nós, os gestos cristãos que fazemos, o amor pelos necessitados, a oração dos fiéis, os ritos sagrados, os símbolos. Tudo o que fazemos e vivemos pela fé, pode sacramentalizar e tornar presente Jesus Cristo, o nosso Salvador.

e) Os sete sacramentos

Tudo na Igreja pode ser sacramental, mas existem ações e gestos em que esse caráter sacramental adquire uma densidade particular. Da mesma forma, tudo pode ser sinal de amor entre os cônjuges, mas o abraço conjugal sacramentaliza de maneira mais eficaz e intensa o seu amor.

Até o século XII a palavra "sacramento" era utilizada para designar muitos dos gestos e ações eclesiásticas. Santo Agostinho conta até 304 "sacramentos". A partir do século XII, houve um esforço de seleção para delimitar os gestos sacramentais mais nucleares. Por fim, o Concílio de Trento define os sete sacramentos, não de maneira arbitrária, mas articulando-os em torno dos eixos fundamentais da vida ou dos momentos principais da vida cristã.

Os sacramentos são, portanto, a concretização e atualização daquilo que é a Igreja: o sacramento de Cristo, que é, por sua vez, o sacramento de Deus. Quando celebramos ou vivemos um sacramento, fazemos um gesto humano ao qual atribuímos sentido a partir da fé; realizamos esse gesto não de maneira privada, ao nosso arbítrio, mas de maneira eclesial, dentro da Igreja, sacramento de Jesus Cristo; e assim encontramos Cristo, que é o grande sacramento que nos leva ao encontro de Deus.

Portanto, a primeira coisa é fazer um gesto humano que contenha uma importante força expressiva: uma refeição (Eucaristia), um gesto de perdão (reconciliação), uma entrega mútua de duas pessoas (casamento).

Em segundo lugar, devemos lembrar que esse gesto humano tem verdadeiro significado quando é vivido a partir da fé. Os sacramentos realizados sem fé tornam-se cerimônias vazias, ritos sociais, gestos ridículos.

Em terceiro lugar, esse gesto vivido na fé não é algo individual ou privado, nem mesmo de um grupo em particular. Cada sacramento é um contato, uma inserção na Igreja, um gesto eclesial que nos une a Jesus Cristo, o sacramento de Deus.

f) O sacramento do casamento

Depois dessa caminhada, talvez um pouco longa, estamos prontos para compreender melhor o que significa viver o casamento como um sacramento, qual é a sua riqueza e quais as possibilidades que oferece.

– *Projeto de vida matrimonial.* A primeira coisa que os noivos cristãos fazem, como qualquer outro casal, é comprometerem-se com uma vida de convivência matrimonial. Esse projeto de vida é a base humana do sacramento, o gesto que será sacramentalizado a partir da fé.

Assim, os noivos comprometem-se a compartilhar sexualmente as suas vidas, como expressão de um amor mútuo que requer fidelidade, como uma realidade em que desejam ser reconhecidos socialmente e como uma comunidade de amor aberta à fecundidade.

A base humana do Sacramento do Matrimônio não consiste em elementos materiais, tais como o pão e o vinho da Eucaristia; também não é um gesto exterior, como a lavagem com água no batismo, mas sim a própria vida dos novos cônjuges, a sua mútua dedicação, o seu encontro amoroso. É essa vida conjugal que se tornará um sinal, um sacramento cristão.

– *O casamento, sacramento do amor de Deus.* O que há de novo e original nos casais cristãos é que, animados pela sua fé cristã, se comprometem a viver o seu casamento como sinal, expressão, manifestação ou "sacramento" do amor de Deus, que nos foi revelado em Cristo.

Assim, agora podemos compreender melhor o que já foi adiantado no capítulo anterior. Ao se casar, o casal cristão está dizendo isto a todos: "queremos viver o nosso amor como sinal, manifestação, sacramento do amor de Deus. Todos os que virem como nos amamos, poderão de alguma forma compreender como Deus ama a todos. Queremos que o nosso amor e a nossa vida de casados lembrem a todos como Deus os ama".

Exatamente por essa razão, embora muitos casais não saibam, os ministros do sacramento do casamento são os próprios noivos. Não é o padre que os casa, mas sim os noivos que conferem o sacramento um ao outro. O noivo se casa com a noiva e esta se casa com o noivo. Ao se comprometerem a viver o seu amor conjugal como um sacramento, estão dizendo isto um ao outro: "amo-te com tanta profundidade, com tanta verdade, com tanta dedicação e fidelidade que quero que vejas sempre no meu amor a marca mais clara, o sinal mais visível, o melhor "sacramento" de como Deus te ama. Quando sentires como te amo, como te perdoo, como te cuido, poderás de alguma forma sentir como Deus te ama".

Os cônjuges cristãos podem descobrir o amor de Deus criador em muitas experiências de vida e em muitos momentos. Além disso, eles acreditam que Cristo é o sacramento de Deus e sabem que Cristo pode ser encontrado na Igreja de muitas maneiras, especialmente na Eucaristia ou no Sacramento da Reconciliação. Mas não devem esquecer de que, para eles, a sua própria vida de casados, o seu encontro, o seu amor são o lugar privilegiado para aprofundar, desfrutar e saborear o amor de Deus, encarnado em Cristo e comunicado por meio da Igreja.

– *O casamento como estado sacramental.* O casamento não é meramente um sacramento; é um estado sacramental. O casamento é apenas o ponto de partida para uma vida sacramentalizada. É por isso que toda vida conjugal, com todas as suas experiências e expressões, tem um caráter sacramental para os cônjuges, é fonte de graça, expressão eficaz do amor de Deus, que está verdadeiramente presente no seu amor.

A entrega recíproca, o perdão dado e recebido, as expressões de amor e ternura, a intimidade sexual compartilhada, a abnegação de cada dia com suas alegrias e sofrimentos, com suas grandezas e pequenezas, com seus momentos sublimes e sua mediocridade... toda essa vida conjugal é sacramento, um lugar de graça, uma experiência em que Deus se torna verdadeiramente presente para os cônjuges.

É por isso que os cônjuges cristãos vivem toda a sua experiência humana e sua vida cristã de maneira conjugal, diferentemente daqueles que não são casados. Os cônjuges cristãos podem e devem encontrar o perdão de Deus no Sacramento da Reconciliação, mas também podem e devem encontrar o perdão de Deus que lhes é oferecido quando perdoam um ao outro. Os cônjuges cristãos podem e devem alimentar a sua vida e o seu amor cristão na Eucaristia da comunidade, alimentando-se do corpo do Senhor, mas podem e devem alimentar a sua vida e o seu amor no usufruto alegre do seu amor conjugal. Devem aproximar-se da comunidade eclesial a que pertencem, uma vez que o seu próprio casamento é vivido como sacramento dentro dessa comunidade eclesial, mas eles vivem toda a sua vida cristã de maneira matrimonial.

Esse caráter sacramental dá uma profundidade e uma plenitude diferentes ao abraço conjugal. Os cônjuges cristãos não "fazem amor", mas celebram-no. O ato de amor é uma celebração, uma festa em que os cônjuges, com os seus próprios corpos, com a sua capacidade erótica, com a fusão dos seus corpos e das suas almas, com o prazer compartilhado, tornam Deus presente em seu meio. É especialmente nessa experiência íntima que podem compreender e saborear melhor o seu amor conjugal como um sacramento do amor de Deus.

4. Algumas dimensões da vida conjugal dos cristãos

a) O casamento como libertação da solidão

"Não é bom que o ser humano esteja só. Vou fazer-lhe uma auxiliar que lhe corresponda" (Gênesis 2,18). O casamento oferece aos cônjuges a possibilidade de se libertarem da solidão a fim de compartilharem a sua existência em um diálogo íntimo e pessoal com o outro. O casamento proporciona aos cônjuges uma das melhores maneiras de evitar passar a vida na solidão.

Mas, além disso, o casamento cristão oferece aos cônjuges crentes a possibilidade de abrir esse diálogo matrimonial ao diálogo com Deus. A partir do diálogo, da escuta recíproca, do encontro amoroso um com o outro, os cônjuges cristãos podem orientar-se para o diálogo e o encontro com Deus.

Naturalmente, tudo isso exige que os cônjuges superem o seu egoísmo, que se abram cada vez mais profundamente um com o outro, que compartilhem cada vez mais os desejos, aspirações, medos, alegrias, dificuldades, sofrimentos... que entrelaçam a vida. É assim que a vida do casal cresce como um sacramento que torna possível o encontro com Deus.

b) O casamento como complementação recíproca

"Desta vez sim, é osso dos meus ossos e carne da minha carne" (Gênesis 2,23). O casamento oferece aos cônjuges a possibilidade de se complementarem, enriquecerem e aperfeiçoarem um ao outro. O marido se enriquece com a presença feminina em sua vida; a mulher, com a presença do masculino.

Mas, além disso, os cônjuges cristãos podem procurar no seu casamento a complementação e o enriquecimento que só podem vir de Deus. O casal cristão sabe, em seus momentos de fraqueza, pobreza e limitação buscar a graça e a força de Deus. Sabe também, em seus momentos de alegria e de plenitude, abrir-se ao louvor e à ação de graças ao Criador.

Obviamente, essa complementação mútua requer aprendizagem, reajuste constante e atitude recíproca de respeito e de gratidão. O casamento cresce dia após dia nessa arte nem sempre fácil da convivência.

c) O casamento como desfrute da intimidade sexual

"E se tornarão uma só carne" (Gênesis 2,24). O casamento oferece aos cônjuges a possibilidade de compartilhar e desfrutar da intimidade sexual, descobrindo o pleno valor do corpo como meio de expressão e comunicação do amor.

Mas, além disso, o casal cristão celebra a sua união sexual como uma celebração do amor, da intimidade, do prazer, não apenas abençoada por Deus, mas também como um lugar onde o amor alegre de Deus por eles se torna presente. O sacramento do casamento, longe de destruir o prazer ou a felicidade conjugal, oferece aos cônjuges a possibilidade de abrir o amor sexual à sua dimensão última e transcendente, fazendo da sua união amorosa sinal e presença do amor de Deus. Tudo isso requer naturalmente que a entrega sexual seja sinal de uma entrega amorosa, sincera e real: que a união dos corpos expresse a união dos corações.

d) O casamento como comunidade de amor crescente

O casamento já pressupõe um amor inicial entre os novos cônjuges, mas exige que esse amor cresça e se fortaleça dia após dia. O seu amor é chamado a crescer. Os problemas, dificuldades e adversidades da vida, vividos e compartilhados pelos cônjuges, são uma oportunidade para aprofundar e crescer em um amor cada vez mais sólido e enriquecedor. O que no início pode ter sido principalmente "paixão", atração física, prazer erótico... pode ir se consolidando em um amor forte e alegre.

Mas, além disso, o casal cristão pode, a partir do casamento, crescer no amor por Deus e no amor por todos os irmãos. Quando uma pessoa está preenchida de amor, não apenas cresce o seu relacionamento amoroso com alguém, mas também a sua capacidade de amar. Evidentemente, isso exige que o amor seja cuidado todos os dias. A infidelidade, o arrefecimento, a separação não são coisas que acontecem de repente, inesperadamente. É sempre algo que vai fermentando dia após dia quando o relacionamento está contaminado com egoísmo, mesquinhez, ressentimento, interesse, vingança ou rejeição.

e) O casamento como uma comunidade de compreensão mútua e perdão

O amor do casal muitas vezes só pode crescer com o perdão. O amor pede sempre uma resposta, mas o cônjuge pode descobrir que a pessoa amada não responde conforme o esperado. O amor pode sentir-se traído, decepcionado, não correspondido, porque não encontra resposta na pessoa que ama. Então o verdadeiro amor se torna perdão. A convivência matrimonial exige uma atitude de perdão e compreensão em relação a fraqueza do outro, de paciência e disponibilidade para a reconciliação. Casar-se com uma pessoa é estar sempre pronto para perdoar o outro.

Os cônjuges cristãos devem também recordar que o seu casamento é um sacramento do amor de Deus, e Deus sempre perdoa. Deus permanece sempre fiel, mesmo que sejamos infiéis a Ele. Se o casamento é sacramento de Deus, ele é chamado a ser fiel, perene, para sempre, pois assim é o amor de Deus. Isso exige que os cônjuges reconquistem e fortaleçam o seu amor dia após dia em uma atitude de perdão e compreensão mútua.

f) O casamento como descoberta do amor pelos irmãos

A vida em casal deve ser uma escola para os cônjuges aprenderem a amar a todos. Ao confortar, ajudar e perdoar um ao outro, os cônjuges aprendem a acolher, ajudar e perdoar. O seu amor conjugal permite-lhes também viver o amor fora da sua própria casa. Ao compartilharem suas alegrias e seus sofrimentos, eles podem aprender a compartilhar mais das alegrias e sofrimentos dos outros. Um dos riscos da vida de casal é que ela se reduz a um "egoísmo compartilhado". No entanto, se o amor do casal for verdadeiro, não fechará os cônjuges em si mesmos, mas os abrirá para a vida com os outros.

O casal cristão deve recordar que está empenhado em viver o seu amor como sinal e sacramento do amor de Deus, e o amor de Deus é universal: não esquece ninguém e é oferecido de maneira especial aos mais indefesos, pobres e negligenciados. Se quiserem fazer do seu amor um "sacramento do amor de Deus", não podem fechar-se egoisticamente em sua própria casa. Naturalmente, isso requer não se fechar em si mesmos, estar envolvidos na vida social, mostrar solidariedade para com os necessitados, colaborar na comunidade cristã, estar atentos aos mais esquecidos.

g) Culminação do casamento como fonte de vida

O casamento oferece aos cônjuges a possibilidade de criarem um lar, uma família. O nascimento de um filho não precisa ser um fardo doloroso, um obstáculo, uma ameaça ao seu amor. Pelo contrário, deveria ser a culminação, o selo desse amor.

O casal cristão deve recordar que o seu casamento é um sacramento do amor de Deus, e Deus é o criador da vida. Os cônjuges devem sentir-se chamados a colaborar com o Criador na propagação da vida. E essa é uma tarefa que abrange diversos aspectos. Não se trata apenas de ter filhos. Mas também de educá-los adequadamente, pensar no seu futuro, abrir horizontes para as novas gerações que nos sucederão, colaborar para a valorização da humanidade, fazer um mundo mais habitável e os lares mais humanos, onde seja possível viver o amor, o diálogo, a verdade, a solidariedade; ou seja, abrir os caminhos para o Reino de Deus.

3

COMO VIVER A FÉ NA FAMÍLIA DE HOJE

Não parece fácil lidar com a experiência de fé na família de hoje quando se está falando do crescimento da indiferença religiosa na nossa sociedade e quando todos dizem que a família está em crise.

Não vou me deter as lamentações. Quero que a minha exposição tenha um caráter positivo e prático. Gostaria de responder a esta pergunta: O que podemos fazer hoje que não estamos fazendo? No fundo da minha intervenção existe uma dupla convicção: é atribuído a família, em grande medida, a fé ou a descrença no futuro. Mas a família é hoje o lugar onde os pais podem agir com mais eficácia para recuperar e renovar a fé.

1. Abordagem da realidade religiosa das famílias

Como se vive atualmente a fé em nossas famílias? A primeira coisa que temos a dizer é que a crise religiosa observada na sociedade contemporânea naturalmente afetou a família, o que constitui uma verdadeira caixa de ressonância para tudo o que acontece na sociedade.

Em geral, podemos dizer que nesses últimos anos a "atmosfera de fé" que existia em muitas casas se perdeu. A maior parte dos símbolos religiosos desapareceu, os costumes cristãos foram perdidos, quase não se fala de religião, é cada vez mais raro a família se reunir para compartilhar a sua fé ou para rezar. Pode-se dizer que muitas famílias deixaram de ser uma "escola da fé". O que se transmite em muitos lares não é a fé, mas a indiferença e o silêncio a respeito da religião.

a) Situação complexa

No entanto, quando nos aproximamos individualmente das famílias, vemos que a situação é mais variada e complexa. Sem a intenção de uma análise exaustiva, podemos fazer algumas observações.

Existem famílias que mantêm viva a sua identidade cristã. Os pais têm sensibilidade religiosa e se preocupam com a educação cristã de seus filhos. A fé continua sendo para eles um fator importante na constituição do lar. Talvez eles ainda sejam um grupo maior do que pensamos. São famílias que, se encontrassem mais apoio na comunidade paroquial, viveriam a fé de maneira atualizada e fariam de suas casas um lugar de experiência alegre do Evangelho.

Existem famílias em que um dos cônjuges tem sensibilidade religiosa – pouca ou muita – e o outro não tem. Em geral, são casas nas quais, aos poucos, o ambiente cristão vai se perdendo.

Existem lares em que os pais se afastaram da prática religiosa e vivem instalados na indiferença. O religioso está "excluído" do lar. Só aparece em alguns momentos específicos: o batismo do filho, a primeira comunhão ou quando os filhos levam para casa um assunto de religião para estudar ou um formulário para preencher. Em alguns desses lares, a presença da avó continua a exercer uma influência religiosa sobre os netos.

Existem também famílias em que os pais adotam uma postura de rejeição em relação à religião e impedem que seus filhos tenham uma iniciação cristã. Nessas casas, a religião aparece apenas para ser objeto de crítica, ataque ou zombaria.

Por fim, existem famílias com problemas, como crise de separação dos cônjuges, absoluta falta de comunicação, angústia financeira, fortes conflitos com os filhos... que absorvem totalmente a sua atenção, de modo que a abordagem religiosa fica "de lado" ou "sufocada".

b) Atitudes dos pais

Se analisarmos as atitudes dos pais, observaremos também uma enorme variedade. Existem pais cuja postura é de absoluta *despreocupação*. O que os preocupa neste momento são outras coisas: o seu trabalho; a carreira e o futuro dos seus filhos; o bem-estar da família; o desfrute da vida... A experiência da fé é relegada a um lugar muito secundário.

Muitos pais sentem nesses momentos uma sensação de *desorientação*. Pessoalmente eles vivem uma fé cheia de dúvidas e incertezas. Sentem que a fé pode ser importante na família, mas não sabem como dar um caráter mais cristão ao lar; se sentem incapazes de trazer algo positivo para casa.

Outros pais experimentam tudo isso a partir de uma *postura ambígua*. Eles se dizem cristãos, mas não vivem a sua fé com convicção, e sim com inércia. Não abandonam clara e definitivamente a sua prática religiosa, mas também não a levam a sério. Batizam os seus filhos, mas não se preocupam nem um pouco com a sua educação cristã. O religioso está presente de maneira difusa e pouco clara.

Não são poucos os pais que adotam pessoalmente uma postura de *abandono*, mas esperam ser supridos pela escola, pelas catequistas ou pelas instituições paroquiais. Tranquilizam-se pagando uma escola para os seus filhos ou levando-os à catequese, mas em casa não fazem qualquer esforço para viver a sua própria fé ou compartilhá-la com os seus filhos. Eles se preocupam não apenas com a educação dos filhos em geral, mas também com a educação na fé. Estão conscientes de que a fé está se perdendo na sociedade, mas não se sentem preparados para enfrentar essa crise religiosa. São pais que estão pedindo ajuda e orientação, pois estão dispostos a melhorar a vida cristã em seus lares. Essa famílias precisam urgentemente de ajuda.

2. Dificuldades e possibilidades da família

O que pode ser feito? Pode realmente a família de hoje ser um lugar onde se viva, se compartilhe e se eduque na fé? Quais são as dificuldades e as reais possibilidades da família para a vivência da fé nos lares de hoje?

a) Dificuldades

Não se trata de enumerar de maneira exaustiva todas as dificuldades, mas sim aquelas que os pais imediatamente percebem quando estão preocupados em criar um clima cristão no lar.

Em muitas famílias a primeira dificuldade é a *falta de comunicação*. A sociedade moderna modificou fortemente a forma como as famílias vivem juntas. Em muitas casas a comunicação é muito deficiente. A vida atual, com a sua organização plural, seu ritmo agitado e sua mobilidade, dificulta a comunicação. As famílias vivem hoje mais afastadas do que nunca por causa do trabalho dos pais, dos estudos dos filhos e das diferentes alternativas de diversão e relaxamento no fim de semana. E quando finalmente estão todos juntos, os celulares, a internet ou a televisão impedem a comunicação em casa. Isto é o que se ouve atualmente: "estou tão cansado quando chego a casa que não tenho vontade de falar"; "a televisão não nos deixa jantar juntos"; "não temos tempo para falar calmamente e sem pressa com os nossos filhos". Naturalmente, quando falta uma verdadeira comunicação na família, é impossível compartilhar a fé. O cultivo da fé exige a introdução de um ritmo mais humano na vida familiar.

Outra dificuldade que se percebe em muitas famílias é a *divergência entre pais e filhos*. O pluralismo de ideias e crité-

71

rios também invadiu as casas. Existe uma discrepância palpável nas atitudes devido a modelos educacionais ou sistemas de valores experimentados por diferentes gerações. No entanto, deve-se observar que os estudos sociológicos atuais indicam que o conflito entre pais e filhos foi bastante amenizado nos últimos dez ou quinze anos, provavelmente porque muitos pais desistiram de incutir e manter determinadas normas de padrões de comportamento. Em todo caso, no campo das atitudes sociais, morais e religiosas existe muita coincidência, muito mais do que no campo sexual e político. Particularmente, as ideias e atitudes de pais e filhos parecem diferir cada vez menos em relação aos fundamentos da religião, mas isso porque todos estão afetados pela mesma crise de fé e pela tentação da indiferença.

Muitos pais sentem especialmente *dificuldade de educar na fé* os seus filhos. Essa dificuldade em transmitir a fé às novas gerações tem de ser vista em um contexto cultural mais amplo. Hoje tudo parece questionável, nada é certo, tudo é discutível. O que se tornou difícil não foi apenas a transmissão da fé, mas a transmissão em geral de uma tradição, de uma cultura, de uma ideologia. Tampouco os partidos políticos e os sindicatos conseguem transmitir os seus ideais às novas gerações. A análise da antropóloga M. Mead[22] pode ajudar a esclarecer essa situação. De acordo com o seu estudo, pode-se dizer que existem diferentes modos de transmissão ou de aprendizagem.

---

22 Apud OTAMENDI, P. "La familia ¿Protagonista de la educación en la fe hoy?". In: *La educación en la fe, un reto para la familia creyente*. Bilbao, 1991, p. 20-21.

Existem culturas em que as crianças aprendem pouco com os pais e menos ainda com os avós. Aprendem com seus afins ou iguais, especialmente com seus companheiros. Já não se aprende com o passado, mas com o ambiente de hoje (cultura configurativa). É o que já está acontecendo entre nós. Os jovens aprendem a viver com os seus companheiros, com o seu grupo de amigos, com a televisão, com a internet ou com as modas do momento. Assim são iniciados na vida. E assim também perdem a fé.

Existe também uma outra cultura em que são os jovens que ensinam. Os adultos são ultrapassados por conta das mudanças tecnológicas e culturais, e os pais começam a aprender com os filhos, pois eles estão mais "atualizados" e se adaptam melhor às mudanças (cultura prefigurativa). Isso já está acontecendo entre nós. É sobretudo esse clima que paralisa muitos pais: como viver e transmitir a fé nesse ambiente? Essa talvez seja a principal dificuldade.

Do ponto de vista da fé cristã, vivemos hoje uma situação cultural complexa. Não podemos esquecer das dificuldades que provêm de uma fé imatura ou de uma fé em crise. Neste momento gostaria de enfatizar dois fatos em particular. Muitas famílias que hoje se dizem cristãs vivem uma fé diluída, difusa e pouco convicta, com um pano de fundo de indiferença e despreocupação. Por outro lado, uma religião *à la carte* é cada vez mais frequente nos lares, ou seja, adere-se aos aspectos de que se gosta da religião – batismo, primeira comunhão – e deixa-se de lado outros aspectos que pressupõem exigência e compromisso. A experiência da fé em muitas casas está pedindo uma verdadeira conversão.

b) Possibilidades

Diante de tudo isso, o que pode ser feito na família? Não é uma utopia falar da experiência de fé no lar moderno? Certamente todas essas e outras dificuldades fizeram com que muitos pais crentes nem ao menos considerassem a tarefa de construir um lar cristão. O que aconteceu ao longo desses anos? Em primeiro lugar, um sentimento de desânimo e impotência se espalhou; presume-se que nada ou quase nada pode ser feito na família. Por outro lado, são desconhecidas as verdadeiras possibilidades da família, a sua capacidade de educar e de fazer crescer a fé: muitos pais desistem antes mesmo de terem feito qualquer esforço. Por fim, as paróquias nem sempre oferecem a ajuda necessária, provavelmente porque não nos damos conta de que, atualmente, não existe nenhuma instituição, grupo humano ou ambiente que seja tão decisivo e eficaz como a família para o cultivo da fé e para a educação cristã.

Muitos estudos apontam hoje para uma conclusão: nestes tempos de crise cultural e religiosa, a aceitação da fé e da educação em valores dependem fundamentalmente de a pessoa ter uma experiência positiva delas. A pessoa quase sempre volta àquilo que experimentou de bom, ao que viveu com satisfação, segurança e significado nos primeiros anos de vida. Pois bem, neste momento não há nenhum âmbito mais bem equipado do que a família para oferecer a uma pessoa uma primeira experiência positiva de vida que servirá para enquadrar as suas experiências futuras. Nada marca de maneira mais profunda e deixa rastros tão significativos na vida de um sujeito quanto a família. Vejamos mais concretamente[23].

Em primeiro lugar, a família oferece à criança o ambiente primário para acolher a vida. Na família, a criança vai se abrindo para a vida, vai nascendo dia após dia, vai sendo tecida[24]. Nenhuma outra experiência deixará marcas tão profundas em sua vida, para o bem ou para o mal. Assim, a família é o grupo humano que tem a maior capacidade de oferecer um ambiente humano agradável e positivo para a experiência religiosa. Gerardo Pastor diz que: "nem os jardins de infância ou escolas, nem os grupos de colegas, nem as paróquias, nem os meios de comunicação social (imprensa, rádio e televisão) podem penetrar tão profundamente na intimidade das crianças como os parentes primários podem, aquelas pessoas de quem se depende absolutamente durante os primeiros seis ou nove anos de vida (pais, irmãos, professores)"[25].

---

23 Cf. MARTÍNEZ CORTÉS, J. "Posibilidades reales de educar en la fe por parte de las familias cristianas". In: *Sinite*, 105 (jan.-abr./1994), p. 55-58. • OTAMENDI, P. "La familia ¿Protagonista de la educación en la fe hoy?" Op. cit., p. 28.

24 J. Rof Carballo fala de "urdimbre constitutiva y urdimbre de identidad" em *Violencia y ternura* (Madri: Espasa-Calpe, 1988).

25 PASTOR, G. "Familia y trasmisión de valores". In: *Misión Abierta*, 1 (1991), p. 23.

Em segundo lugar, nenhum grupo humano pode competir com a família no que diz respeito a poder oferecer à criança "o terreno da religião e dos valores", uma vez que a família pode oferecer "valores associados com afeto". Em casa, a criança pode captar valores morais, comportamentos, experiências religiosas, símbolos..., mas não de uma forma qualquer, mas em um clima de confiança, proximidade e amor. E é exatamente essa experiência positiva que enraíza a criança na sensibilidade religiosa e no comportamento humano. O que está acontecendo agora? Da mesma forma que há alguns anos a família era a melhor transmissora da fé, porque oferecia essa experiência básica que desperta a sensibilidade religiosa, nas famílias em que atualmente existe vazio religioso, silêncio ou indiferença, elas são as transmissoras mais eficazes da indiferença e do vazio religioso. A fé está sendo perdida, especialmente dentro da família. Será muito difícil despertá-la mais tarde em alguém que não teve uma experiência religiosa básica em sua própria família durante os primeiros anos de vida.

Mas, além disso, a família também continua sendo importante mais tarde, quando a pessoa entra em contato com outras realidades, tem acesso a outros modelos de referência e se emancipa dos pais. Certamente surgirão conflitos e tensões entre as várias influências, mas, mesmo assim, será difícil eliminar a referência religiosa da família se em casa o jovem continuar a encontrar uma experiência adulta, saudável e testemunhante da fé. É verdade que a televisão, a internet, os amigos e a rua têm influência, mas se essa influência é tão grande hoje em dia, isso se deve, em grande parte, ao fato de dentro da família haver muitas vezes falta de experiência religiosa, abandono e negligência dos pais e pouco apoio por parte da comunidade cristã.

3. Condições básicas para viver a fé em família

Por família cristã entendemos "aquela que quer ser cristã e que aspira a viver a sua realidade familiar de acordo com as exigências da fé"[26]. Isso requer, fundamentalmente, que o lar forneça condições básicas para uma vida familiar saudável. Indico algumas de grande importância.

– É fundamental que *os pais se amem* e que os filhos saibam que eles se amam. A experiência de que os pais se amam é a base para criar um clima de confiança, segurança e coexistência alegre. Nesse clima a fé pode ser vivida.

– *O afeto dos pais pelos seus filhos* é importante. Atenção pessoal a cada um: dedicar-lhes tempo, conversar com cada um, interessar-se pelas suas coisas, amá-los verdadeiramente com um amor que se expressa em atos e gestos de afeto. Os pais só podem ser modelos de identificação para os seus filhos se eles se sentirem amados. Por outro lado, não devemos esquecer de que os pais exercem uma importante função simbólico-mediadora. De alguma maneira, os filhos percebem

---

26 SASTRE, V. "Zonas conflictivas entre el mundo moderno y la familia cristiana". In: *La familia como urgencia educativa*. Madrid: San Pío X, 1982, p. 33.

por meio dos pais e em sua bondade, no seu amor e perdão, o mistério de um Deus bom.

– O *clima de comunicação* também é importante. A falta de comunicação impede a experiência de fé em casa. Deve haver comunicação do casal entre si e comunicação com os filhos, evitando ao máximo tudo o que seja desconfiança, suspeita, ditadura, agressividade, imposição de silêncio. A comunicação é cultivada cuidando dos momentos de convivência diária ou, pelo menos, semanal; alguns passeios juntos... Acima de tudo, é importante integrar as crianças na vida e nos planos da família: conversar com eles e ouvi-los sobre questões que afetam toda a família; distribuir tarefas amigavelmente; falar com os filhos sobre as dificuldades ou as conquistas do seu próprio trabalho; participar dos êxitos ou das dificuldades dos filhos nos seus estudos; interessar-se e colaborar, se possível, nos passatempos dos filhos: leitura, música, atividades desportivas... Nunca se deve esquecer de que, para uma criança, é muito importante que os pais passem algum tempo apenas com ela. É verdade que a vida moderna de hoje dificulta a convivência com a família, mas o mais importante não é ter muito tempo para estar juntos, mas que, quando a família se reunir, possa estar à vontade, em um clima de confiança, proximidade e afeto. O filho dificilmente encontrará um clima semelhante na sociedade de hoje.

– A *coerência* entre o que os pais dizem e pedem aos seus filhos e o que eles fazem também é importante. É normal que os pais cometam erros e tenham falhas ou maus momentos.

O importante, no fundo, é manter uma postura coerente. Um comportamento coerente com a fé e com as próprias convicções tem peso e valor decisivos, principalmente na adolescência e juventude. É esse clima de coerência que convence e dá autoridade educacional aos pais. É esse modo de vida saudável que educa e ajuda a ver a importância e o valor da fé.

– É também de grande importância passar de uma fé individualista para *uma fé mais compartilhada* tanto no casal quanto em toda a família. Habituamo-nos a que cada membro da família viva a sua fé individualmente, sem comunicar aos outros o que pensa, o que sente, o que reza. Às vezes, tudo em casa é compartilhado, exceto a fé e a experiência religiosa. Movidos por uma espécie de pudor, deixamos tudo o que é religioso para quando vamos à igreja. Essa forma individualista de viver a fé não muda de um dia para o outro. Terá de ser iniciada com coisas simples: rezar com os filhos mais novos; praticar a oração em casal, melhorar a oração antes das refeições... Cada família tem de fazer a sua própria jornada para aprender a compartilhar mais e melhor a sua fé. As possibilidades são muitas, como vou explicar a seguir, mas cada família tem de ver o que pode fazer e por onde começar.

– É cada vez mais comum que alguém da família – um dos cônjuges ou algum filho – declare-se descrente[27]. Essa situação certamente representa mais uma dificuldade de compartilhar a fé em casa, mas não devemos adotar uma postura pessimista

---

27 SÁNCHEZ, M. "Cuando los maridos no creen..." In: *Misión Abierta* 1 (1991), p. 91-96.

ou derrotista. Pode até ser um incentivo para viver melhor a fé. É uma situação que não conhecíamos entre nós, mas que agora temos de aprender a conviver: crentes e não crentes dentro da mesma casa. Aqui estão algumas diretrizes de ação: mais do que nunca devemos esforçar-nos por um profundo e sincero respeito mútuo; cada um é responsável pela sua própria vida. Cuidar de maneira especial do testemunho e da coerência da vida com a própria fé. Evitar a todo custo polêmicas ou agressividade em assuntos religiosos. As discussões resultam quase sempre de certa complexidade ou falta de experiência alegre da própria fé. Saber confessar a nossa fé sem nos envergonharmos, expressando simplesmente o que ela nos traz. Não esquecer de que o ponto de encontro é sempre o amor mútuo e a pertença à uma mesma família que Deus ama com amor infinito, crentes e descrentes.

4. A oração em família

Há alguns anos conhecemos um lar em que a oração familiar era algo normal, com os seus ritmos e os seus momentos: antes e depois das refeições; o *Angelus*; o rosário ao anoitecer; as orações da manhã e da noite. Em geral, era a mãe que se encarregava de garantir e orientar essa vivência religiosa.

Conforme mencionado acima, a vida no lar mudou profundamente. Pouco a pouco fomos abandonando a oração familiar e a individual. Em muitas de nossas famílias simplesmente não se reza mais. Abandonamos tudo o que existia e o substituímos por nada. E começam as nossas justificativas: temos dificuldade em propor isso na família; a oração parece algo forçado e artificial, não vem de dentro de nós; os filhos são muito pequenos e depois muito grandes; não estamos todos de acordo; é difícil encontrar um momento em que estejamos todos juntos.

No entanto, é possível a oração em família nos dias de hoje. O que temos de fazer é encontrar um novo estilo de rezar e compartilhar a fé.

a) A oração do casal

O primeiro passo que tem de ser dado pelo casal é aprender a rezar juntos. Entre os cônjuges crentes, mais ou menos praticantes, existem em nossos dias condicionamentos ou falsos pudores que precisam ser superados. Uma oração simples e sincera como casal faz bem aos pais crentes e é a base para assegurar a oração dos filhos.

Essa oração pode consistir em pedir juntos perdão a Deus, e pedir e dar perdão uns aos outros pelos erros e falhas do dia. Outras vezes será ação de graças por tudo o que recebem de Deus, por tudo o que é bom no casal e nos filhos. A oração muitas vezes será apelo e súplica a Deus em meio as dificuldades e problemas da vida. É bom que os pais saibam rezar pelos seus filhos e também "em nome dos seus filhos", pelos menores que ainda não sabem rezar e pelos mais velhos que podem estar em crise e também não sabem como fazê-lo[28].

---

28 ICETA, M. Vivir en pareja – Hacia una espiritualidad conyugal. Madri: SM, 1990, p. 145-151.

Como concretamente fazer isso? Com alguma oração falada de pedido ou ação de graças, ou espontaneamente com palavras que nos chegam; recitando algum salmo escolhido; lendo lentamente uma passagem do Evangelho e fazendo uma breve oração após o silêncio; rezando lentamente o rosário, pedindo pelos filhos ou por outras intenções específicas. Existem muitos materiais de apoio para rezar.

b) Ambiente apropriado

A oração em família requer uma determinada atmosfera. Não se trata de recuperar o aspecto sagrado que as casas ofereciam há alguns anos: imagem do Sagrado Coração na porta, a Última Ceia na sala de jantar, o anjo da guarda nos quartos dos filhos, água benta..., mas sim reagir ao vazio causado pela atual secularização.

Em primeiro lugar é possível ter mais cuidado com o que entra em casa: certos tipos de revistas, vídeos, livros, música, programas de televisão... Hoje não é difícil assinar uma revista cristã, comprar livros saudáveis e educativos para as crianças, evangelhos e bíblias, música para relaxamento e interiorização, cantos religiosos, gravações para rezar...

Também pode ser introduzido algum símbolo ou representação religiosos de bom gosto. Os lugares mais apropriados são, sem dúvida, a sala de estar, onde a família se reúne para descansar, conversar ou ver televisão, e os quartos das crianças, onde, entre outros cartazes, pode haver alguma imagem de Jesus, os evangelhos... Também se pode cuidar melhor da ornamentação da casa na época do Natal (o presépio, a árvore) e dar um tom festivo ao domingo (música, comida, toalha de mesa, flores...).

c) Ensinar a rezar

Para ensinar a rezar não basta dizer ao filho todas as noites: "reze" ou perguntar-lhe: "já fez o sinal da cruz?" Isso pode criar alguns hábitos nele, mas ensinar a rezar é outra coisa. É uma experiência que a criança tem de descobrir e aprender com os seus pais.

Antes de mais nada, é necessário que a criança veja os pais rezando. Se a criança vir os pais rezarem sem pressa, ficando em silêncio, com os olhos fechados, ajoelhados, desenrolando as contas do rosário, lendo lentamente o Evangelho no domingo antes da refeição, a criança intuitivamente compreende a importância desses momentos, percebe a presença de Deus em casa como algo bom, aprende uma linguagem de fé, palavras e atitudes que despertam nela a sensibilidade religiosa. Nada pode substituir essa experiência.

Mas, além disso, é necessário rezar com os filhos. As crianças aprendem a rezar quando o fazem com os seus pais. Elas têm de participar da oração para que possam aprender a fazer os gestos, para repetir algumas fórmulas elementares, para estar em silêncio falando com Deus. A criança reza como vê os adultos rezarem. A atitude, o tom, a forma lenta, o silêncio, a confiança, a alegria, a importância do evangelho, tudo isso a criança aprende quando reza junto com os pais. Chegará o momento em que a própria criança poderá abençoar a mesa, iniciar uma oração ou ler o Evangelho com bastante naturalidade. A oração fica registrada em sua experiência como algo de bom que pertence à vida da família, como encontrar-se, conversar, rir, discutir ou se divertir.

d) Como rezar em família?

Sem dúvida, cada família tem um estilo próprio e deve encontrar uma forma concreta de integrar a oração na vida do lar. Mas algumas pistas concretas podem ser oferecidas[29].

Quando a criança é pequena – até os 6 anos – você pode rezar com ela de joelhos ou abraçando-a; ensine-a a recitar algumas fórmulas curtas e simples; ajude-a a falar com Deus ou com Jesus de maneira pessoal – "Senhor, sou Itziar"; ensine-a alguns gestos, como o sinal da cruz, por exemplo; acompanhe-a até a cama, ajudando-a a fazer um breve resumo do dia, agradecendo ou pedindo perdão; leia passagens simples do Evangelho para ela; leve-a algum dia a uma igreja e reze diante dela e com ela; introduza a oração na vida da criança, aproveitando os momentos que são importantes para ela: quando houve uma festa ou um passeio e ela gostou; quando ela rece-

_____

29 É muito prático e sugestivo o artigo de V. Pedrosa, "La familia cristiana, 'lugar' de oración y celebración de la fe" (In: *La educación en la fe, un reto para la familia creyente*. Op. cit., p. 84-96).

beu um presente; quando os irmãos tiverem discutido; quando ela tiver sido curada de uma doença...

Quando os filhos já são adolescentes ou jovens, outras pistas e sugestões podem ser levadas em consideração: rezar nas refeições de maneiras variadas; antes de se retirarem para descansar, rezarem ou cantarem juntos o Pai-nosso, recordarem Maria; fazer uma breve oração de ação de graças; se houver tempo e todos estiverem de acordo, pode se pensar em um determinado horário a cada semana para ler o Evangelho – por exemplo, antes da refeição de domingo –, fazer silêncio, comentar brevemente a respeito e terminar com algum pedido[30].

Mas com adolescentes e jovens pode ser especialmente importante saber como preparar uma oração simples em momentos específicos: aniversário de algum membro da família, aniversário de casamento dos pais, crisma de um irmão, antes de sair de férias ou sair para o exterior, começo de um curso, final de um curso, quando se espera um novo irmão, quando a filha começa a sair com um namorado, quando alguém é hospitalizado, no dia de Natal, quando termina o ano...

e) A família e o domingo cristão

A atuação da família na celebração dos sacramentos merece atenção especial. Por exemplo, agir de maneira mais

---

30 Um possível esquema pode ser visto em: "Un estilo de orar en familia: la oración diálogo". In: *Orar 81-82*, p. 62-64; também é prático e sugestivo o livro de M. Iceta, *Hogares en oración – 25 esquemas de oración familiar* (Madri: SM, 1979).

ativa e responsável no batismo dos filhos: escolha do nome, anúncio da Boa-nova, escolha responsável do padrinho e da madrinha, participação na preparação dos pais se organizada na paróquia, participação na celebração litúrgica, preparação da festa familiar... Também deve haver uma participação mais responsável na primeira comunhão dos filhos: colaboração na preparação catequética da criança, acompanhamento na celebração litúrgica, sentido cristão da festa familiar, aspectos educativos e "deseducativos". Algo semelhante deve ser dito sobre a crisma dos filhos e o acompanhamento responsável dos pais, a celebração cristã do funeral de um ente querido e o acompanhamento na última doença, o casamento dos filhos etc.[31]

Aqui vou apenas dizer algo sobre a celebração cristã de domingo. O fim de semana na sociedade contemporânea, com suas atividades desportivas e culturais programadas com antecedência, com a sua variedade de espetáculos e entretenimento, tem tornado mais difícil a participação na Eucaristia dominical. Como agir dentro da família?

Antes de mais nada, o exemplo pessoal dos pais é importante: a sua participação convicta e alegre, não por obrigação, mas como uma necessidade de alimentar a sua fé na Eucaristia e na Palavra de Deus, como expressão de pertença à comunidade cristã e como sinal de uma fé confessada publicamente. Nos dias de hoje, sair de casa para ir à missa é fazer um gesto que nos identifica como cristãos.

---

31 Cf. BASURKO, X. "La familia y la dinámica sacramental de los hijos". In: *Phase* 203 (set.-out./1994), p. 387-402.

É importante que os pais participem da Eucaristia com os seus filhos. Se os pais fazem desse passeio de domingo uma experiência agradável, se ajudam os filhos a compreenderem melhor a celebração, se os ensinam com diferentes detalhes a viver o domingo como uma festa, essa experiência é a melhor iniciação. De acordo com A. Vergote: "salvo raras exceções, apenas aqueles que foram preparados para isso na tradição familiar observarão essa prática"[32].

Diante de adolescentes ou jovens relutantes em ir à missa, a melhor atitude não é nem a despreocupação e permissividade absoluta nem a coerção. O melhor é um convite motivado e responsável, especialmente em dias especiais, tais como feriados importantes, aniversários de entes queridos falecidos, reuniões familiares, primeira comunhão de um filho, no tempo do Advento ou da Quaresma... Perante as objeções dos filhos: "a missa não me diz nada", "não sinto qualquer necessidade disso"..., os pais devem reconhecer honestamente as dificuldades, mas também expor o que a Eucaristia dominical lhes traz.

Em todo caso, mesmo que um membro da família não vá à missa, a família pode cuidar do tom cristão do domingo ao longo do dia: descanso, festividade, convivência especial, oração, visitas...

5. A educação da fé dos filhos

Os pais, em geral, estão muito preocupados com a formação humana e acadêmica de seus filhos pelas consequências

---

32 Apud ibid., p. 402.

87

que isso pode ter para o futuro deles. Eles querem o melhor para os filhos. Isso é algo que devemos valorizar e agradecer aos pais. No entanto, a mesma importância não é dada à educação na fé. Parece que ser ou não crente tem pouca importância para o futuro feliz da criança. E muitos pais "delegam" essa tarefa à catequese paroquial ou à escola; são poucos os que se preocupam pessoal e intimamente com a educação cristã de seus filhos. Ouvimos quase sempre as mesmas desculpas: "falta-nos preparação", "não temos tempo"...

Contudo, uma criança que participa da catequese paroquial ou recebe formação religiosa na escola sem ter nenhuma referência religiosa em casa tem dificuldade em assimilar e internalizar a fé. Se em casa Deus não tiver importância, se Jesus nunca for lembrado, se a religião não for levada a sério, se as atitudes cristãs básicas não forem vividas, a fé não criará raízes. O ambiente familiar é absolutamente necessário para internalizar a mensagem religiosa que a criança recebe na catequese ou na escola. Uma família consumista, preocupada apenas com o seu bem-estar material, em que Deus está ausente, em que são vividas relações egoístas e desrespeitosas, praticamente anula o trabalho da catequese ou da escola e torna-se um fator descristianizador.

a) Educar na fé em nossos dias

Não estamos falando da educação em geral, mas da educação para a fé. O que queremos dizer com isso? Especificamente, o objetivo é que as crianças compreendam e vivam de maneira responsável e coerente a sua adesão a Jesus Cristo, que aprendam a viver de uma forma saudável e positiva a partir do Evangelho.

Mas hoje em dia a fé não pode ser vivida de uma maneira qualquer. As crianças precisam aprender a ser crentes em uma sociedade descristianizada. Isso requer viver uma fé personalizada, não por tradição, mas como resultado de uma decisão pessoal; uma fé que é vivida e experimentada, ou seja, uma fé que é alimentada não por ideias ou doutrinas, mas por uma experiência gratificante; uma fé que não é individualista, mas compartilhada de alguma maneira em uma comunidade crente; uma fé centrada no essencial, que pode coexistir com dúvidas e questionamentos; uma fé que não é vergonhosa, mas comprometida e testemunhada no meio de uma sociedade indiferente.

Isso requer todo um estilo de educação na fé hoje em dia, em que o importante é transmitir uma experiência mais do que ideias e doutrina; ensinar a viver os valores cristãos mais do que a submissão a algumas normas; desenvolver a responsabilidade pessoal em vez de impor costumes; introduzir na comunidade cristã em vez de desenvolver o individualismo religioso; cultivar uma adesão confiante a Jesus em vez de resolver de maneira abstrata os problemas da fé.

b) Algumas diretrizes de ação

A primeira coisa é *não negligenciar a sua própria responsabilidade*. Há muito que pode ser feito. Em primeiro lugar, garantir que a criança receba uma educação religiosa na escola e participe da catequese paroquial. Depois, seguir de perto e conhecer a educação que a criança está recebendo fora de casa, para poder colaborar de casa, apoiando e estimulando a criança. Em casa, agir sem complexidade, sem esconder ou disfarçar a própria fé. Isso é importante para as crianças.

É também necessário lembrar que, por meio de todo o seu comportamento, os pais, sem perceber, estão *transmitindo uma imagem de Deus aos seus filhos*. A experiência de pais autoritários e controladores transmite a imagem de um Deus legislador, juiz vigilante e castigador. A experiência de pais despreocupados e permissivos, alheios aos seus filhos, transmite o sentimento de um Deus indiferente a tudo o que é nosso, um Deus que parece ser inexistente. Mas se os filhos vivem com os seus pais uma relação de confiança, comunicação e compreensão, a imagem de um Deus Pai é internalizada de maneira positiva e enriquecedora nas suas consciências.

Na educação da fé, *o decisivo é o exemplo*. Que as crianças possam encontrar em suas próprias casas "modelos de identificação", que não lhes seja difícil saber como se devem comportar para viver a sua fé de uma maneira saudável, alegre e responsável. Somente a partir de uma vida coerente com a fé se pode falar com autoridade com os filhos. Esse testemunho de vida cristã é particularmente importante no momento em que os filhos, já adolescentes ou jovens, encontram no seu mundo outros modelos de identificação e outras chaves para compreender e viver a vida.

É necessário *não cair no autoritarismo*. Uma educação autoritária não conduz a uma experiência saudável de fé. A educação baseada em imposições, ameaças e punições é sempre prejudicial à fé. O pai que não permite respostas não oferece qualquer explicação, não orienta e não transmite a sua própria experiência, não está educando na fé. A criança que interioriza a fé em um clima de coerção, ameaças e pressão abandonará definitivamente essa experiência religiosa negativa e insatisfatória assim que puder.

Por mais bem intencionadas que sejam, nem todas as ações dos pais garantem uma educação saudável na fé[33]. Não basta, por exemplo, criar hábitos de qualquer maneira, repetir gestos mecanicamente, forçar certos comportamentos, impor imitações... Apenas o que é experimentado como bom é internalizado. Aprendemos a acreditar em Deus quando, à nossa própria maneira, temos a experiência de um Deus bom. Não nos faz bem rezar sem de fato rezar, cumprir sem viver, praticar sem saber o porquê. A fé é aprendida vivendo-a com alegria. "Só o que é aprendido afetivamente, mais com o coração do que com a cabeça, educa"[34]. É por isso que os pais que vivem a sua fé e a compartilham alegremente com os seus filhos, são capazes de educá-los para uma fé saudável.

---

33 GARCÍA DE DIOS, J.M. "Calidad del cristianismo y educación familiar en la fe". *Misión Abierta* 1 (1991), p. 57-64.

34 MARTINÉZ, M. "El crecimiento de la fe en la comunidad familiar". In: *La educación de la fe, un reto para la família creyente*. Op. cit., p. 35-55.

c) Alguns pontos específicos

Para concluir, vou indicar alguns pontos importantes hoje para a educação cristã dos filhos. Eu apenas os aponto.

– Conhecer *o mundo dos filhos*. Os pais precisam estar conscientes de que o mundo dos seus filhos é completamente diferente daquele que conheciam quando eram jovens. Mudaram os estilos de vida, os sistemas de valores, a sensibilidade cultural, os critérios. Os seus filhos são do tempo atual. O mundo deles é o de hoje, não o mundo em que vocês viveram. Quanto melhor os pais conhecerem o mundo atual de seus filhos, melhor poderão educá-los.

– *Os amigos dos filhos*. É um ponto importante. Em determinada idade, os amigos podem influenciar fortemente o desenvolvimento moral e cristão dos seus filhos. Os pais não podem permanecer alheios e despreocupados. É um assunto delicado. Ajudar os filhos na escolha de amigos requer tato e prudência, caso contrário, seria contraproducente. A melhor coisa a fazer pode ser favorecer o encontro e a convivência com jovens de ambientes saudáveis e cristãos: na escola, com famílias conhecidas, nas atividades esportivas... Eles podem ser convidados a participar de grupos cristãos de confirmação, movimentos de jovens cristãos, grupos de jovens de Jesus etc. Se for observada a influência claramente prejudicial de algum companheiro – drogas, sexo, delinquência – é necessário intervir.

– A *televisão* também requer atenção e tratamento adequados. Não é saudável uma família escrava da televisão. A televisão é muito poderosa e influente para qualquer membro da família, em qualquer idade; é fácil ligá-la e assistir a qualquer programa, a qualquer hora. Em casa também é possível alcançar um uso racional da televisão e uma certa seleção de programas que não impeçam a convivência familiar. É importante, por outro lado, aprender a ver os programas de forma crítica, valorizando o que é positivo e desmascarando o que é falso, partidário, imoral ou antirreligioso.

– *O desenvolvimento da telefonia móvel e da comunicação informatizada* introduziu uma nova cultura na sociedade e nas famílias, o que melhora muito as relações e permite a multiplicação de contatos. Devemos valorizar e agradecer o progresso da tecnologia, mas também devemos aprender a usá-la de maneira saudável. Por isso, os pais devem estar atentos ao uso indevido que eles mesmos e seus filhos podem fazer do acesso às redes e da interação excessiva e prejudicial, se quiserem evitar dependências e problemas de diversos tipos: isolamento do mundo real, chantagem a seus filhos, manipulações, disseminação da pornografia...

– *O uso do dinheiro* é outro aspecto importante para a educação cristã em uma sociedade de consumo. É "deseducador" dar à criança dinheiro fácil ou satisfazer todos os seus caprichos, enchendo-a de coisas e preparando-a, assim, para o consumismo. A criança tem de experimentar que o dinheiro é fruto do trabalho, tem de conhecer e apreciar uma vida sóbria e saudável, tem de saber que o bem-estar material não é o objetivo mais importante da vida e que é desumano viver de maneira egoísta, ignorando os mais necessitados do nosso entorno e da terra.

4

ACOLHER JESUS NO LAR

Pouco depois de ser eleito como papa, Francisco começou a falar do risco de pretender "ser cristão sem Jesus". Um dia ele sugeriu este critério prático: "somente é válido o que conduz a Jesus, e somente é válido o que vem de Jesus. Jesus é o centro, o Senhor, como Ele mesmo diz"[35]. Alguns dias depois, ele fez uma declaração mais categórica: "A Igreja tem de conduzir a Jesus: este é o centro da Igreja, conduzir a Jesus. Se alguma vez aconteceu de a Igreja não conduzir a Jesus, foi uma Igreja morta"[36]. O pensamento do papa é claro. Se uma diocese não conduz a Jesus, é uma diocese morta. Se uma comunidade paroquial não conduz a Jesus, é uma comunidade morta. A partir de uma perspectiva cristã, se uma família não conduz a Jesus, é uma família morta.

O objetivo deste capítulo é ajudar modestamente os casais cristãos a abrirem um pouco mais as portas das suas casas para acolher Jesus com grande confiança. Sei que Jesus pode ajudar a iniciar uma nova etapa em sua família marcada pela alegria do Evangelho.

---

35 Homilia em Santa Marta, 7 de setembro de 2013.

36 Homilia em Santa Marta, 23 de outubro de 2013.

1. Abrir as portas de casa para Jesus

Durante muitos anos a atenção da Igreja tem estado concentrada principalmente no Sacramento do Matrimônio: em questões como a indissolubilidade e o divórcio, e em questões morais, como as relações pré-matrimoniais, o controle da natalidade e o aborto; enquanto menos atenção tem sido dada à própria realidade da família e ao seu significado em termos do Evangelho e do projeto do Reino de Deus, anunciado e inaugurado por Jesus. De fato, temos defendido frequentemente a "família" em abstrato, sem parar para refletir sobre o conteúdo concreto de um projeto familiar compreendido e vivido a partir do Evangelho.

Por outro lado, quando se trata de iluminar a experiência cristã da família, a Sagrada Família de Nazaré tem sido usada como um modelo a ser imitado. A instituição da festa litúrgica da Sagrada Família em 1921 direcionou decididamente a pregação e a reflexão nessa direção. Certamente a exaltação da Família de Nazaré contribuiu para a valorização da família em um momento em que a crise do casamento e da família se agravava. Mas ao voltarmo-nos apenas para a "Sagrada Família" no contexto da vida oculta de Nazaré, da qual não sabemos quase nada, sem ouvir a mensagem global do Evangelho de Jesus e sem prestar atenção aos seus atos, acabamos por elaborar um ideal de família tradicional próprio de uma determinada época, por vezes sem ter em conta as verdadeiras exigências do seguimento a Jesus.

Mais especificamente, ao recordar a Família de Nazaré, nos esquecemos de que Jesus rompeu com a sua própria família para promover a "nova família" desejada por Deus, em que todos os seus filhos – homens e mulheres – podem viver de maneira mais digna, saudável e alegre. Assim, ao falar de Jesus durante a sua vida oculta, será destacada a sua obediência aos seus pais e será esquecido que Jesus se dedicará, acima de tudo, às coisas do Pai[37].

Mas talvez a ausência do Evangelho seja especialmente notória quando a reflexão sobre a família se baseia em alguns "códigos domésticos" das primeiras comunidades cristãs das quais derivam os deveres para a família cristã de hoje. Nestes códigos podem ser lidas exortações como estas: "Mulheres, sede submissas a vossos maridos porque assim convém no Senhor. Maridos, amai vossas esposas e não as trateis com aspereza" (Colossenses 3,18); "As mulheres casadas sejam submissas aos maridos como ao Senhor. Pois o marido é cabeça da mulher como Cristo é cabeça da Igreja [...] Como a Igreja é submissa a Cristo, assim também o sejam em tudo as mulheres a seus maridos. Maridos, amai vossas esposas como Cristo amou a Igreja e se entregou por ela" (Efésios 5,21-25).

Nestes códigos familiares também podem ser lidas estas exortações: "Filhos, obedecei em tudo a vossos pais, porque agrada ao Senhor. Pais, deixai de irritar vossos filhos, para não desanimarem" (Colossenses 3,20-21); "Filhos, obedecei a

---

37 "Ele respondeu-lhes: 'Por que me procuráveis? Não sabíeis que eu devia estar na casa do meu Pai?'" (Lucas 2,49).

vossos pais no Senhor [...] E vós, pais, não irriteis os vossos filhos..." (Efésios 6,1-4).

Nesses códigos domésticos não existe uma verdadeira igualdade nem reciprocidade entre os cônjuges. A mulher, como inferior, é solicitada a submissão; ao marido, como superior, é solicitado um amor condescendente. O mesmo é válido para a relação entre pais e filhos. Não há igualdade fraterna. Pede-se aos filhos, como inferiores, que se submetam; os pais, como superiores, são exortados a não irritarem os seus filhos. É verdade que se diz que tudo se vive "no Senhor", mas, de fato, a partir desses textos foi imposto entre os cristãos um modelo patriarcal de família, contrário, como veremos, ao Evangelho de Jesus.

Essa ausência de inspiração evangélica levou, juntamente com outros fatores, a considerar a vocação cristã dos cônjuges e dos pais como uma vocação inferior à dos celibatários (sacerdotes e religiosos de vida consagrada). Durante séculos, a responsabilidade das famílias de escutar o chamado de Jesus para segui-lo e colaborar no projeto do Reino de Deus, abrindo caminhos para um mundo mais humano, quase não foi levada em consideração.

a) Reunidos em nome de Jesus

A crise da família tradicional mudou radicalmente o clima que se vive hoje nas famílias. Em muitas delas reinam a confusão e a desorientação. Já não existe mais apenas um modelo de família. Neste momento, o maior risco provavelmente é viver sem nenhum projeto, venha o que vier. Por outro lado, a estabilidade e a coesão da família, que costumavam ser razoavelmente asseguradas pelo ambiente social, dependem hoje em dia sobretudo da responsabilidade, lucidez e sabedoria dos pais. Apenas eles podem criar uma convivência saudável, forte e atraente dentro da família. Sem dúvida, a família hoje é mais frágil e vulnerável. No entanto, essa situação, que pode desencorajar alguns casais, pode nos estimular a buscar um modelo novo e revigorante.

Acima de tudo, precisamos buscar, cuidar e desenvolver um projeto familiar saudável, digno e feliz, que possa se materializar na vida concreta de cada casa. Se estivermos um pouco atentos ao que se vive hoje entre nós, veremos que existem famílias assentadas e famílias criativas, famílias superficiais e famílias sensatas, famílias esbanjadoras e famílias sóbrias, famílias abertas à sociedade e famílias fechadas em si mesmas, famílias que educam no egoísmo e famílias que educam na solidariedade, famílias libertadoras e famílias opressoras... Jesus, acolhido com fé e convicção em nossa família, pode ajudar-nos a corrigir e a melhorar o nosso modo de vida, e pode nos mostrar um caminho novo mais digno de seguidores do seu Evangelho.

Acolher Jesus em nossa casa significa enraizar a família com mais verdade, mais paixão e mais entusiasmo na sua pessoa, na sua mensagem e no seu projeto de Reino de Deus. Muitas coisas terão de ser feitas nos próximos anos para reanimar as nossas famílias, mas nada é mais decisivo do que colocar Jesus no centro do lar, confiando em sua promessa: "Porque onde dois ou três estiverem reunidos em meu nome, eu estarei ali no meio deles" (Mateus 18,20). Você não está sozinho. Jesus está no coração do seu lar. Ele reúne, encoraja e sustenta. Com Jesus tudo é possível.

Acolher Jesus no lar é tarefa de uma vida inteira. A primeira coisa é aprender a viver em casa com um coração novo e um espírito renovador. Isso significa começar a viver uma nova relação com Jesus, uma adesão mais viva. Uma família formada por cristãos que mal conhecem Jesus, que apenas o confessam de vez em quando e de maneira abstrata, que nunca leem o Evangelho, que se relacionam com um Jesus mudo de quem não ouvem nada de especial, nada de interesse para os homens e mulheres de hoje, um Jesus apagado que não atrai nem seduz, que não toca os corações..., é uma família que dificilmente conseguirá sentir a sua força renovadora.

Se ignorarmos Jesus e não conhecermos a sua mensagem, não conseguiremos orientar a nossa vida familiar a partir do seu Evangelho. Se não soubermos olhar para o mundo, para a vida, para as pessoas, para os filhos, para os problemas... com os olhos com que Jesus olhou, diremos que temos a luz privilegiada da revelação, mas seremos uma família cega que não sabe ver a vida como Jesus viu. Se não escutarmos o sofrimento das pessoas com a atenção, a sensibilidade e a compaixão com que Jesus ouviu aqueles que encontrou sofrendo em seu caminho, seremos famílias surdas. E se não estivermos em sintonia com o modo de vida de Jesus, com a sua paixão por tornar o mundo mais justo, com a sua ternura para com as crianças, com o seu perdão para com os desprezados... não saberemos transmitir o melhor que Jesus transmitiu, o mais valioso, o mais atraente: a sua Boa-nova.

Trata-se de viver esta experiência em nossas famílias: caminhar nos próximos anos em direção a um novo patamar de vida familiar, mais inspirado e motivado por Jesus, a uma dinâmica e um estilo de vida mais bem orientados para abrir caminhos para o Reino de Deus, ou seja, para aquele mundo novo, mais humano e mais feliz que o Pai quer para todos, começando pelos mais necessitados. Nestes tempos em que uma mudança sociocultural sem precedentes está ocorrendo, também precisamos de uma conversão sem precedentes na família cristã. Depois de vinte séculos de cristianismo, as famílias cristãs precisam de um "coração novo" para viver e comunicar no meio da sociedade atual a Boa-nova de Deus, revelada em Jesus. O que é decisivo é não nos resignarmos a viver hoje como uma família sem Jesus.

b) Seguir Jesus na família

É o momento de reagir sem nos fecharmos a esquemas e estilos de vida cristã desprovidos de espírito evangélico, apenas por inércia ou por hábito. Em sua Exortação *Evangelii Gaudium* (n. 11), o Papa Francisco diz que Cristo "com a sua novidade, pode sempre renovar a nossa vida e a nossa comunidade [...] pode romper também os esquemas enfadonhos em que pretendemos aprisioná-lo". O critério decisivo para compreender e viver a fé cristã é seguir a Jesus Cristo. Por isso, esse seguimento a Jesus constitui o núcleo, a chave e a força de renovação da vida de uma família cristã. Essa é a decisão que pode mudar tudo. Por quê?

Seguir Jesus é acreditar no que Ele acreditou, dar importância ao que Ele deu, interessar-se por aquilo que o interessou, defender a causa que Ele defendeu, olhar para as pessoas como Ele as olhou, aproximar-se daqueles que sofrem como Ele se aproximou, sofrer pelo que Ele sofreu, enfrentar a vida e a morte com a esperança com que Ele enfrentou, confiar sempre no Pai do céu, como Ele confiou. Os primeiros cristãos compreenderam as próprias vidas como uma aventura de seguir Jesus, tornando-se "novos homens" e "novas mulheres". Paulo de Tarso disse que todo aquele que acredita em Jesus Cristo "se renova" dia a dia (2Coríntios 4,16).

É possível tomar juntos a decisão de seguir Jesus como família? Não é fácil. É uma decisão que precisa ser preparada e amadurecida aos poucos, e com respeito por todos, pois se trata de uma decisão individual para cada um. São os pais crentes os principais responsáveis pela criação de um clima apropriado. Pode tornar as coisas muito mais fáceis se vários casais se ajudarem mutuamente compartilhando as suas experiências e iniciativas. Deve ficar claro desde o início que seguir Jesus não é copiar um modelo que reproduz os traços de um Mestre do passado de maneira passiva, infantil e sem criatividade. É uma aventura muito mais emocionante.

Os evangelhos nunca falam em imitar Jesus, mas de segui-lo. Jesus não é um espelho, mas um caminho. Ele não é um grande líder que viveu há vinte séculos e que está mais distante de nós e dos nossos problemas a cada dia que passa. Jesus ressuscitado está vivo em nosso meio, no centro da família. Além disso, o seu Espírito está dentro de cada um de nós, sustentando, encorajando e inspirando as nossas vidas. Devemos ouvir o seu apelo para o seguirmos hoje de maneira criativa, confiando sempre em sua força.

"Seguir Jesus" é uma metáfora retirada do seu hábito de caminhar alguns passos à frente dos seus discípulos. Isso nos lembra de que seguir Jesus requer "dar passos": tomar uma primeira decisão, colocar-se em determinado caminho, deixar-se guiar pelo Evangelho, levantar quando cair, voltar ao bom caminho quando se perder... Quando paramos ou nos acomodamos em nosso próprio conforto, Jesus fica cada vez mais distante de nós. Mas quando temos uma pequena experiência de o seguir, começamos a descobrir que a fé cristã não consiste principalmente em acreditar em algo, mas em acreditar em alguém por quem nos sentimos atraídos e somos chamados a seguir.

– A fim de encorajar o seguimento a Jesus com realismo, creio que temos de recuperar a leitura do Evangelho na família, primeiro entre os pais, depois, se possível, com os filhos. Os evangelhos não são livros didáticos que expõem uma doutrina sobre Jesus. Não são catecismos. A primeira coisa que se aprende nos evangelhos é sobre o modo de vida de Jesus: o seu jeito de estar no mundo, a sua forma de tornar a vida mais humana, o seu modo de pensar, de sentir, de amar, de sofrer. Os quatro evangelhos são para os cristãos uma obra única, pois existe algo que só pode ser encontrado neles: a memória de Jesus, como Ele foi recordado, acreditado e amado pelos seus primeiros seguidores.

– Os evangelhos são relatos de conversão. Foram escritos para despertar novos discípulos e seguidores. São histórias que nos convidam a mudar, a seguir Jesus de perto, a nos identificarmos com a sua causa, a colaborar com Ele abrindo caminhos para o Reino de Deus. Por isso, devem ser lidos, meditados e compartilhados ouvindo o seu chamado para entrar em um processo de mudança e conversão. Não pensemos em algo muito complicado. É uma questão de ler os relatos muito lentamente, parando na pessoa de Jesus; olhando atentamente para o que Ele diz e para o que Ele faz. Depois, juntos, podemos ajudar-nos mutuamente para levantar algumas questões: que verdade Jesus nos ensina ou nos lembra com sua atuação? Para o que Ele nos chama? Como nos anima e nos encoraja com as suas palavras?

Uma família começa a seguir verdadeiramente Jesus quando passa a introduzir a verdade do Evangelho em casa. Não devemos ter medo de nomear as coisas. Devemos ousar discernir o que é verdadeiramente evangélico e o que é antievangélico nos costumes da família, na convivência, nos gestos, no modo de viver. Não para nos culparmos uns aos outros, mas para nos encorajarmos a viver à maneira de Jesus.

2. A família como comunidade fraterna

a) Ruptura com o modelo de família patriarcal

A fim de se dedicar a promover o projeto do Pai, que deseja e busca uma família mais humana, em que todos os seus filhos – homens e mulheres – possam viver como irmãos, Jesus rompe com a sua família em Nazaré, à qual não regressará apesar dos esforços dos seus familiares para o trazer de volta para casa, conforme nos informa o Evangelho de Marcos: "Quando os seus parentes souberam disso, saíram para agarrá-lo, pois diziam: "Ele está louco"" (Marcos 3,21).

Essa separação familiar de Jesus é um fato muito significativo para o qual muitas vezes não damos a devida importância[38]. De fato, Jesus rompe com o modelo de família patriarcal dominante na Galileia dos anos 30 do século I, e a partir da sua atividade profética lança as bases para a construção de um novo modelo de família dentro do projeto do Reino de Deus. Especificamente, como veremos, Jesus põe fim à autoridade absoluta do pai, que controla e governa a sua esposa e filhos como dono e senhor da família; acaba com a condição da mulher em tudo submetida ao homem, e coloca no centro da vida familiar as crianças, os membros mais frágeis e mais necessitados de atenção e de amor.

---

38 Cf. PIKAZA, X. *La familia en la Biblia*. Estella: Verbo Divino, 2014, p. 273- 378.

A contribuição de Jesus pode hoje ser decisiva para transformar o clima da vida familiar, desenvolvendo relações mais saudáveis e menos conflituosas; mais gratificantes e mais coerentes com a dignidade de cada pessoa; menos autoritárias e mais orientadas para o cuidado do outro. No Evangelho encontramos rejeição a qualquer relação de posse ou domínio entre marido e mulher ou entre pais e filhos; crítica a qualquer instrumentalização ou manipulação mútua; condenação de qualquer opressão, seja ela proveniente da autoridade machista ou da pressão feminista, proveniente da imposição dos pais ou da coerção dos filhos.

Jesus convida hoje os seus seguidores a cuidar e a promover um ambiente mais fraterno, cordial e amigável no lar. Como diz José Maria Castillo: "O ideal de comunidade e de convivência que Jesus apresenta em toda a sua pregação não tolera o modelo de relações baseado no esquema "dominação-submissão", mas baseia-se essencialmente na igualdade fundamental e na fraternidade de todos os seus membros"[39]. Vamos aprofundar um pouco mais na "estrutura fraterna" da família que segue Jesus.

b) A família, um espaço sem dominação masculina

Entre os camponeses da Galileia dos anos 30, apenas um modelo familiar era conhecido, um modelo estritamente patriarcal, em que o pai era o único senhor, investido com autori-

---

39 CASTILLO, J.M. "La familia y el Evangelio". *Proyección* 120 (1981), p. 44.

dade absoluta em todos os aspectos da vida: econômico, jurídico, social e religioso. O pai era tudo. A autoridade suprema que dava unidade e coesão a toda a família. A mulher e os filhos deviam-lhe submissão absoluta, de modo que as decisões tomadas pelo pai deviam ser assumidas como decisões de toda a família.

Esse domínio masculino atingiu a sua expressão suprema no direito do homem, que poderia a qualquer momento repudiar a sua mulher, abandonando-a à sua própria sorte. Isso era o que as esposas mais temiam no tempo de Jesus. Esse direito exclusivo do homem, nunca da mulher, baseava-se em nada menos do que na Lei de Moisés: "Se um homem toma uma mulher e casa-se com ela, e esta depois não lhe agrada porque descobriu nela algo que o envergonha, escreverá uma certidão de divórcio e assim despedirá a mulher" (Deuteronômio 21,1). Os escribas discutiram o significado dessas palavras. De acordo com Shammai, uma mulher só poderia ser repudiada em caso de adultério; segundo os seguidores de Hillel, bastava encontrar nela "algo desagradável". Enquanto os homens eruditos discutiam, as mulheres não podiam levantar a voz para defender os seus direitos.

A questão chegou até Jesus: "Pode o marido repudiar a sua esposa?" A resposta de Jesus surpreendeu a todos. Ele não entra nas discussões dos mestres da Lei. Convida todos a descobrirem o projeto original de Deus, que está acima das leis e das regras. Se o repúdio das mulheres foi imposto na Lei de Moisés, foi devido à "dureza dos corações" dos homens, que controlam as mulheres e as submetem à sua vontade.

Jesus aprofunda no mistério original do ser humano: Deus criou o homem e a mulher para serem "uma só carne". Os dois foram criados em igualdade. Deus não criou o homem com poder sobre a mulher, nem criou a mulher para ser submissa ao homem. Entre homens e mulheres não deve haver domínio por parte de ninguém. Por isso, "o que Deus uniu o homem não separa"[40]. Apoiando-se na vontade original de Deus, Jesus põe fim ao privilégio machista do repúdio e exige para as mulheres o mesmo direito que os homens têm, o de uma convivência segura, digna e estável no casamento e na família. Deus não quer estruturas que gerem dominação masculina e submissão feminina. No projeto do Reino de Deus isso terá de desaparecer. A família deve ser um espaço sem dominação masculina.

É precisamente isso que Jesus sugeriu ao formar "uma família nova" a serviço do Reino de Deus, uma família na qual desaparece a figura patriarcal do pai, pois só Deus é Pai de todos. No projeto do Reino de Deus, devemos apenas cumprir a vontade do Pai do céu. Respondendo ao aviso que lhe é dado sobre sua mãe e seus irmãos, que vieram para o levar para casa, Jesus, olhando para os seus discípulos – homens e mulheres –, que estavam sentados em um círculo à sua volta, diz-lhes estas palavras: "Eis aqui minha mãe e meus irmãos. Aquele que fizer a vontade de Deus, esse é meu irmão, minha irmã e minha mãe"[41]. No projeto do Reino de Deus não é mais possível

---

40 Marcos 10,2-11; Lucas 16,18; Mateus 5,32; 1Coríntios 7,10-11. Há um consenso geral sobre a autenticidade substancial do dito de Jesus, que mais tarde foi adaptado a diferentes contextos e situações.

41 Marcos 3,31-35. O episódio foi reformulado na comunidade posterior, mas o seu núcleo histórico é substancialmente preservado.

reproduzir "relações patriarcais". Se os seguidores de Jesus formarem uma família reunida em seu nome e à sua volta, ninguém exercerá autoridade dominadora sobre eles. Nessa nova família desaparece o "pai", entendido de maneira patriarcal como figura dominante que se coloca acima dos outros. Todos devem buscar apenas a vontade do Pai do céu. Todos devem renunciar ao poder e ao domínio sobre os outros para viver a serviço dos mais fracos e debilitados[42].

A partir da sua fé radical em um Deus que é pai de todos e da sua dedicação para construir uma nova humanidade feita de irmãos e irmãs, Jesus critica e repudia qualquer forma de "dominação paternalista" que busque a submissão incondicional dos outros. "Todos vós sois irmãos. A ninguém chameis de pai na terra, porque um só é vosso Pai, aquele que está nos céus"[43]. Ninguém deve ser chamado de "pai" em uma comunidade de Jesus. Apenas aquele que está no céu.

Tudo o que foi dito nos exorta a rever a situação da "autoridade" dentro da família, a corrigir o que não é um serviço generoso e desinteressado à comunidade familiar e sim um domínio mais ou menos sutil dos outros, pensando apenas no próprio interesse de cada um. Essa revisão crítica à luz do Evangelho é muito importante hoje, pois não se trata apenas da autoridade tradicional do pai como "chefe de família", mas

---

42 Cf. tb. Marcos 10,28-30.

43 Mateus 23,8-11. É possível que o texto tenha sido preparado por Mateus como uma advertência crítica à hierarquização que começava a surgir na comunidade cristã. No entanto, o conteúdo é coerente com outros textos autênticos de Jesus.

também da atuação de qualquer outro membro da família que tente se impor com autoridade sobre os outros.

O trabalho da mulher fora de casa, o fenômeno do desemprego ou a falta de um emprego estável estão provocando diferentes crises e conflitos em torno da autoridade na família e do funcionamento prático cotidiano. Existem situações em que o desempregado percebe que está perdendo a sua antiga autoridade e o seu prestígio como marido e como pai que sustentava financeiramente a família: ele não sabe mais como se posicionar em casa ou qual papel deve desempenhar agora. Ao mesmo tempo, talvez a sua esposa ou os seus filhos, que agora sustentam a família, estejam adquirindo uma nova posição de força que antes não tinham. De uma perspectiva evangélica, temos de dizer que não se trata de transferir a autoridade de um membro da família para outros com base no poder econômico ou no prestígio social (por exemplo, do homem para a mulher ou dos pais para os filhos). É um erro grave introduzir uma espécie de luta pelo poder em casa. O importante é o diálogo sincero, a busca honesta do que é bom para toda a família e o cuidado cada vez melhor da atuação recíproca e do serviço mútuo. Jesus acrescentará: "Se alguém quer ser o primeiro, seja o último e o servo de todos" (Marcos 9,35).

c) O cuidado da igualdade e da dignidade da mulher

Jesus conheceu na Galileia uma sociedade em que a mulher era considerada "propriedade" do homem. Quando nascia pertencia ao pai; quando se casava passava a ser do marido; se ficasse viúva, pertenceria aos seus filhos. É impensável uma mulher com autonomia própria[44]. Por outro lado, a mulher deve estar sempre sujeita ao homem, visto que ela é fonte de tentação e de pecado, como o relato de Gênesis deixa claro[45]. A visão a respeito das mulheres era tão negativa que o historiador Flávio Josefo resume o sentimento geral do judaísmo do século I afirmando que: "de acordo com a Torá, as mulheres são inferiores aos homens em tudo" (*Contra Apião* II, 201).

Dada a sua condição, a mulher deve permanecer confinada dentro de casa para não colocar em risco a honra da família e para estar a serviço permanente do homem, a quem chama de *ba'alí*, "meu senhor". Os seus deveres no lar são bem definidos: moer trigo, assar pão, cozinhar, tecer, fiar, lavar o rosto, as mãos e os pés do marido. Mas a sua tarefa principal é dupla: satisfazer sexualmente ao marido e dar-lhe filhos homens, se possível, para assegurar o futuro da família. Fora de casa, as mulheres realmente "não existiam". Elas não podiam sair de casa sem estarem acompanhadas por um homem e sem esconderem o rosto com um véu. Não participavam da vida social nem suas presenças eram necessárias na vida religiosa.

---

44 Segundo o Decálogo do Sinai, a mulher é mais uma "propriedade" do dono da casa: "Não cobiçarás a casa do próximo, nem a mulher do próximo, nem o escravo, nem a escrava, nem o boi, nem o jumento, nem coisa alguma do que lhe pertence" (Êxodo 20,17).

45 De acordo com o relato de Gênesis (2,4–3,20), foi a mulher que induziu Adão a comer do fruto proibido, provocando a expulsão do paraíso.

Podemos dizer que as mulheres judias, privadas de autonomia, servas dos seus próprios maridos, confinadas dentro de casa e discriminadas religiosa e juridicamente, eram um grupo profundamente marginalizado. É muito significativa a oração que anos mais tarde Rabí Yehudá recomendou que fosse recitada pelos homens: "Bendito sejas, Senhor, porque não me criaste pagão, nem me fizeste mulher, nem ignorante".

Não me é possível expor aqui a atuação revolucionária de Jesus ao questionar esquemas e preconceitos daquela sociedade machista; negando aos homens o privilégio do repúdio; oferecendo o seu acolhimento incondicional às mulheres consideradas ritualmente impuras ou rejeitadas como prostitutas e até mesmo condenadas como adúlteras; acolhendo-as em seu grupo de seguidores como discípulas no mesmo nível e com a mesma dignidade que os homens...[46] Seria anacrônico apresentar Jesus como precursor do feminismo, comprometido com a luta pela igualdade de direitos entre homens e mulheres. Mas devemos salientar que a sua fé no projeto do Reino de Deus e a sua defesa das mulheres o levaram a criticar qualquer sociedade patriarcal que privilegiasse uma relação de domínio e de poder dos homens sobre as mulheres. Apontarei apenas duas histórias nas quais Jesus sugere a sua visão a respeito das mulheres no lar.

Primeiramente Jesus corrige a valorização que se faz das mulheres atribuindo-lhes a fertilidade como ideal supremo

---

46 Cf. PAGOLA, J.A. *Recuperar el proyecto de Jesús*. Madri: PPC, 2015, p. 167-196.

(cf. Lucas 11,27-28). Em determinada ocasião, uma mulher da aldeia elogia a mãe de Jesus exaltando o que há de mais valioso em uma mulher naquela cultura: um ventre fértil e seios capazes de amamentar. Assim é dito: "Feliz o ventre que te trouxe e os seios que te amamentaram!" Jesus vê as coisas de maneira diferente. Ter filhos não é tudo na vida. Existe algo mais importante para uma mulher. "Mais felizes são os que ouvem a palavra de Deus e a põem em prática". A grandeza e a dignidade de cada mulher, assim como de cada homem, decorrem da sua capacidade de ouvir a mensagem do Reino de Deus para entrar na sua dinâmica e viver contribuindo para tornar a vida mais humana.

Em uma outra ocasião, na casa de suas amigas Marta e Maria, Jesus corrige a visão generalizada daquela sociedade de que as mulheres deveriam viver dedicadas exclusivamente aos afazeres domésticos. De acordo com o relato (Lucas 10,38-42), quando Jesus chega, é Marta quem o "recebe" e lhe oferece a hospitalidade da família. A partir do momento que o viu, ela se esforçou para acolhê-lo. Não há nada de estranho nisso. Esse é o trabalho da mulher. Esse é o seu lugar e a sua função.

Entretanto, a sua irmã Maria permanece "sentada aos pés do Senhor", em uma atitude própria de uma discípula que escuta atentamente as suas palavras. A cena é estranha, pois a mulher não estava autorizada a ouvir como discípula os mestres da Lei. Quando Marta, sobrecarregada de trabalho, pede a ajuda de Maria, Jesus responde de maneira surpreendente. Nenhum homem judeu teria falado assim. Ele não critica Marta pelo seu acolhimento e serviço. Pelo contrário, Ele fala-lhe com simpatia, repetindo carinhosamente o seu nome. Não duvida do valor e da importância do que ela está fazendo. Mas Ele não quer ver as mulheres absorvidas apenas pelas tarefas domésticas. "Marta, Marta, andas muito agitada e te preocupas com muitas coisas. Entretanto, uma só coisa é necessária. Maria escolheu a melhor parte que não lhe será tirada".

As mulheres não devem ser reduzidas às tarefas domésticas. Elas têm o direito de "sentarem-se", como os homens, para ouvir a vontade do Pai. Jesus não quer ver as mulheres apenas trabalhando. Ele quer vê-las "sentadas" ouvindo a mensagem do seu reino. Por isso, ao contrário dos costumes da época, acolhe-as no seu grupo como discípulas, no mesmo nível e com os mesmos direitos que os homens.

À luz de Jesus se faz necessário rever a ocupação tradicional das mulheres nas tarefas domésticas, a inibição clássica dos homens em muitos aspectos da vida doméstica ou a passividade confortável dos filhos quando apenas esperam ser servidos pelos pais sem se comprometerem nem colaborarem mais ativamente na vida do lar. A convivência se transforma e os laços se fortalecem quando todos colaboram com disponibilidade sincera e contribuem para que as tarefas de casa sejam compartilhadas de modo que não recaiam sempre sobre as mesmas pessoas.

d) As crianças no centro da família

Na sociedade judaica, as crianças eram sinal da bênção de Deus, mas só eram importantes quando atingiam a idade para cumprir a lei e fazer parte do mundo adulto. As moças não eram importantes enquanto não tivessem filhos, de preferência meninos. No entanto, de acordo com a visão de Jesus, quando o poder patriarcal desaparece, surge a importância dos filhos. Eles devem estar no centro do projeto do Reino de Deus, pois são os mais fracos e menores, os mais vulneráveis e os mais necessitados de amor e atenção. Eles também devem ocupar o centro das atenções e dos cuidados amorosos das famílias dos seguidores de Jesus.

De acordo com um relato do Evangelho[47], os discípulos de Jesus estavam discutindo pelo caminho sobre "quem seria o maior", quem teria mais poder e autoridade no projeto de seu mestre. Jesus vai destruir os seus sonhos, invertendo a lógica dos poderosos. O importante na construção desse mundo novo e mais humano, que Jesus chama de "Reino de Deus", não é ser o "primeiro" ou o "maior", mas viver como o último, servindo a todos. Estas são as suas palavras: "Se alguém quer ser o primeiro, seja o último e o servo de todos". Para que a sua mensagem ficasse bem registrada em seus seguidores, Jesus faz um gesto muito expressivo. Chama os Doze, pega uma criança e a coloca no meio deles como sinal de autoridade: a criança deve estar no centro da atenção de todos, ninguém deve ocupar o seu lugar. Em seguida Ele a segura com amor em seus braços, já que a criança é quem mais precisa de amor e cuidado. Os discípulos não sabiam o que pensar daquilo tudo, e Jesus explica em poucas palavras: "Quem receber uma destas crianças

---

47 Marcos 9,33-37; Mateus 18,1-5; Lucas 9,46-48.

em meu nome, é a mim que recebe; e quem me recebe, não é a mim que recebe, mas aquele que me enviou". Nas comunidades e famílias de seguidores de Jesus, quando o domínio e o poder sobre os outros desaparecem, são as crianças que, em sua pequenez, têm autoridade. Elas são as mais importantes, porque são as mais necessitadas de amor e de cuidado. Os outros tornam-se importantes quando servem aos mais frágeis e vulneráveis.

O pensamento de Jesus também aparece claramente em outro episódio (Marcos 10,13-16)[48]. Algumas crianças são apresentadas a Jesus para serem acolhidas e abençoadas. Os discípulos querem impor a sua autoridade e tentam impedir que as crianças incomodem Jesus, que tem ocupações mais importantes do que entreter crianças. A reação de Jesus é imediata. Aborrecido com os seus discípulos, Ele lhes diz: "Deixai vir a mim as crianças e não as impeçais, pois o Reino de Deus é daqueles que são como elas. Eu vos asseguro: Quem não receber o Reino de Deus como uma criança, jamais nele entrará". Em seguida, Jesus "abraçava as crianças e as abençoava, impondo as mãos sobre elas". Primeiramente Ele as acolhe com um abraço, comunicando o seu afeto e recebendo delas a sua ternura e alegria; depois Ele as abençoa como o Criador abençoou tudo no início da vida; finalmente, impõe as suas mãos sobre elas, como fazia com os enfermos, para que possam viver e crescer saudáveis.

---

48 Podem ser "crianças de rua". O texto não diz que são as mães que trazem os seus filhos a Jesus.

A família reunida em nome de Jesus não deve ser uma comunidade em que os mais fortes e poderosos se impõem aos outros, mas um espaço em que todos saibam viver à maneira de Jesus, abraçando, abençoando e cuidando dos mais fracos e necessitados. A ideia de Jesus é sempre a mesma: no Reino de Deus a vida se propaga não a partir da imposição dos fortes e grandes, mas a partir da acolhida dos pequenos. Onde os pequenos se tornam o centro da vida, aí está o Reino de Deus.

3. Em direção a uma família comprometida com o projeto humanizador do Pai

a) Acolher o Reino de Deus na família

Depois de abandonar a sua família de Nazaré, Jesus se dedica com paixão profética a promover uma grande família na qual todos os filhos de Deus possam viver de maneira mais digna, mais justa e mais fraterna. É o que Ele chama de "Reino de Deus". Marcos, o primeiro evangelista, resume assim o seu chamado para acolher esse Reino de Deus: "Completou-se o tempo, e o Reino de Deus está próximo. Convertei-vos e crede no Evangelho" (Marcos 1,15).

"Completou-se o tempo." Um novo tempo está começando; não se deve olhar para o passado; o futuro tem de ser construído. *"Deus está próximo."* Ele não quer nos deixar sozinhos diante de nossos problemas, sofrimentos e desafios; Deus é uma Presença boa que está se abrindo como um caminho en-

116

tre nós porque quer construir conosco uma vida mais humana. *"Convertei-vos"*: temos de mudar nossa maneira de pensar e de agir; Deus não pode mudar o nosso mundo se nós não mudarmos e não entrarmos na lógica do seu projeto. *"Crede no Evangelho."* Temos de levar a sério essa notícia. Ela não vem de um poder político nem de uma religião convencional. O mundo pode ser melhor porque Deus, nosso pai, quer que seja. Podemos abrir caminhos para uma vida mais humana.

Esse "Reino de Deus" não é uma religião. É muito mais. Vai além das crenças, preceitos e ritos de qualquer religião. É uma nova maneira de sentir e de viver Deus que coloca todos os seus filhos em busca de um novo mundo. Para Jesus, esse Reino de Deus é a vida tal como o Pai deseja construir. Ele chama de "Reino de Deus" porque é a linguagem dos profetas e porque sugere muito bem o seu conteúdo. Se Deus reina verdadeiramente, os poderosos já não reinarão sobre os fracos, os ricos não oprimirão os pobres; os homens não subjugarão as mulheres; ninguém abusará de ninguém. Se acolhermos o Reino de Deus, a justiça e a fraternidade prevalecerão. Se aceitarmos Deus como o único Senhor, também não reinarão entre nós o poder, a violência, o dinheiro, o consumismo egoísta... como senhores absolutos.

Se estivermos atentos à atuação e à mensagem de Jesus, veremos claramente algumas características do Reino de Deus: uma vida de irmãos, regida pela compaixão que Deus tem por todos; um mundo em que a justiça e a dignidade serão buscadas para todo ser humano, começando pelos menos favorecidos; um lugar onde todos são acolhidos sem excluir ninguém da convivência e da solidariedade; onde a cura da vida é promovida libertando as pessoas e a sociedade como um todo de qualquer escravidão desumanizadora; onde a religião deve estar a serviço das pessoas, especialmente daquelas que mais sofrem ou estão esquecidas; onde se vive a partir da confiança no livre-perdão de Deus e na esperança da última festa junto ao bom Pai de todos.

O que Jesus chama de "Reino de Deus" é o coração da sua mensagem, a paixão que anima toda a sua vida e também a razão pela qual Ele será executado. Podemos dizer que o centro de toda a sua vida e de toda a sua atuação não é propriamente Deus, mas o Reino de Deus, porque Jesus nunca separa Deus do seu projeto de transformar o mundo. Ele não contempla Deus fechado em seu mistério insondável, de costas para o sofrimento humano, surdo ao clamor dos que padecem. Experimenta-o como a Presença boa de um Pai que busca abrir caminho no mundo para humanizar a vida. É a partir desse horizonte que Jesus vive. É por isso que Ele não convida os seus seguidores a simplesmente buscarem a Deus, e sim: "buscai, pois, em primeiro lugar o Reino de Deus e sua justiça" (Mateus 6,33). O restante vem depois.

Esse apelo de Jesus para buscar o Reino de Deus e a sua justiça não está reservado apenas aos bispos, sacerdotes ou religiosos e religiosas. Um projeto familiar vivido por seguidores de Jesus tem de estar orientado para abrir caminhos para o Reino de Deus. A família de sangue deve estar orientada para a construção da grande família que temos de fazer juntos. O decisivo é essa grande família que devemos construir sob o reinado do único Pai. Para Jesus, a família de sangue adquire seu significado e valor mais plenos quando está a serviço dessa grande família desejada por Deus[49].

b) De uma família estabelecida para uma família aberta e comprometida

Acolher o projeto do Reino de Deus na família não é algo teórico. Tem consequências concretas. A primeira é não ficar fechado em seus próprios interesses, como aquelas famílias que Jesus encontrou na Galileia, preocupadas quase exclusivamente com a sua honra, a defesa das suas terras, a sua herança e o futuro dos seus bens. De fato, quando Jesus deixa a sua família de Nazaré, abre um novo caminho de acolhida aos pobres, doentes crônicos, leprosos, famintos... pessoas excluídas que não têm onde morar ou cuja vida familiar não é fácil. Podemos dizer que toda a vida de Jesus é um convite a buscar

---

49 Se um membro da família se torna um obstáculo que nos impede de seguir Jesus, de colaborar com o seu projeto, Jesus não hesita em exigir a ruptura dessa relação familiar: "Quem ama o pai ou a mãe mais do que a mim, não é digno de mim. E quem ama o filho ou a filha mais do que a mim, não é digno de mim" (Mateus 10,37; Lucas 14,26). Jesus está consciente de que a sua exigência radical pode provocar conflitos e tensões nas famílias (Mateus 10,34-36; Lucas 12,51-53).

o Reino de Deus e a sua justiça, deixando a sua própria família em busca de outra maior[50].

A primeira tentação que devemos superar é a de permanecer em uma família "estabelecida", que quase sempre é sinônimo de uma família fechada ao compromisso, ao testemunho e à solidariedade. Famílias felizes que vivem de costas para a infelicidade de outras famílias ou surdas ao sofrimento das pessoas e indiferentes às injustiças da sociedade. É muito fácil em tempos de crise fecharmo-nos em nossa própria felicidade. Parece ser a coisa mais prudente e sensata a fazer: não complicar a nossa vida com os problemas dos outros. Na realidade, o lema: "cada um na sua casa e Deus na casa de todos", que tem sido repetido em muitas famílias tradicionais como critério de comportamento cristão, não contém o espírito evangélico.

Uma família inspirada em Jesus não pode viver fechada em si mesma, alheia aos problemas da sociedade, sem permitir que nenhum dos membros se envolva em problemas que exigem a ação responsável de todos. Sem nos darmos conta, as nossas famílias podem se tornar espaços de egoísmo, indiferença e falta de compromisso generoso. Especificamente, devemos rever esse esforço e trabalho, por outro lado tão generoso e honrado, de muitos pais que, ocupados em buscar "o melhor" para os próprios filhos e para o bem-estar da família, contribuem para a criação de um clima familiar que aos poucos vai nos afastando de tudo o que não nos afeta diretamente.

---

50 LUCIANI, R. *Al estilo de Jesús*: Una propuesta para tiempos de crisis. Madri: PPC, 2015, p. 98-100.

São muitas as famílias que se sentem "cristãs", mas que acabam por procurar tudo antes do Reino de Deus e da sua justiça.

Quero também salientar que, em nossos países de bem-estar, o que mais pode nos afastar do projeto do Reino de Deus hoje é o consumismo insensato e a nossa sede insaciável de bem-estar. Temos de escutar o apelo de Jesus: "Não podeis servir a Deus e às riquezas" (Lucas 16,13). A lógica irracional do sistema neoliberal empurra os países para a busca insaciável do bem-estar, mas o faz, por um lado, gerando fome, pobreza e morte, e por outro lado, desumanizando cada vez mais a todos. Vivemos aprisionados à lógica da acumulação. Precisamos de mais produtividade, mais consumo, mais bem-estar, mais petróleo, mais poder sobre os outros...

As famílias que seguem Jesus são chamadas a serem hoje centros de resistência a tanta desumanização. Em nossas casas temos de nos conscientizar da nossa responsabilidade, fazendo-nos perguntas que vão para além dos nossos problemas familiares: Por que milhões de seres humanos vão continuar morrendo de fome se Deus colocou em nossas mãos uma terra que tem recursos suficientes para todos? Por que somos competitivos antes de sermos humanos? Por que deve ser o poder dos mais fortes, e não a compaixão, que governa as relações entre os povos? Por que devemos aceitar como algo lógico e inevitável um sistema desumano que, para assegurar o nosso bem-estar como privilegiados, produz tanto sofrimento, miséria e destruição? Por que devemos continuar alimentando o consumismo e a produção ilimitada, gerando em nós uma espiral insaciável de necessidades supérfluas que nos esvaziam da dignidade humana?

Mas também devemos rever a nossa atuação prática dentro da família. Primeiramente, a nossa relação com o dinheiro: o que fazemos com o nosso dinheiro? Para que nós o poupamos? Em que investimos? Com quem compartilhamos? Depois devemos tomar medidas no sentido de um consumo mais responsável, menos compulsivo e menos supérfluo: o que compramos? Por qual motivo compramos? Onde compramos? Devemos também redefinir o bem-estar que queremos desfrutar em nossa família: que nível de bem-estar? Apenas para nós? A que custos humanos?

Acredito que se tivéssemos força para caminharmos gradativamente em direção a uma vida mais sóbria, para compartilhar mais o que temos e simplesmente não precisamos, haveria mais alegria em nossas famílias. Aquela alegria que vem do Evangelho e que as coisas não podem dar[51].

c) Uma nova experiência do amor ao próximo

Movido pelo seu desejo de construir uma grande "família humana" mais justa e fraterna, em que ninguém é excluído e os últimos são os primeiros a serem cuidados, Jesus introduz uma visão revolucionária daquilo que costumamos chamar de "amor ao próximo".

---

51 Cf. PAGOLA, J.A. *Deus e o dinheiro*. Petrópolis: Vozes, 2014.

Na tradição bíblica de Israel, o "amor ao próximo" era reconhecido como um preceito muito importante da lei, juntamente com o grande mandamento do "amor a Deus". O Levítico ordenava assim: "Amarás o teu próximo como a ti mesmo" (Levítico 19,18). Mas, no tempo de Jesus, esse preceito foi interpretado a partir de uma concepção que "opera em círculos concêntricos". "Próximo" é aquele que está próximo de nós e a quem somos obrigados a amar. Mas essa obrigação de amar aqueles que nos são próximos diminui à medida que aumenta a distância entre as pessoas: membros da própria família, clã, tribo, povo de Israel... Pode haver pessoas muito distantes de nós – pagãos, adversários de Israel, inimigos de Deus... – que já não somos obrigados a amar: podemos até mesmo rejeitá-las.

Jesus introduziu uma visão radicalmente nova e revolucionária, mas os seus seguidores ainda não a compreenderam. Em seu projeto do Reino de Deus, qualquer ser humano que encontrarmos em nosso caminho necessitando de ajuda é o nosso próximo. Não há ninguém, por mais estranho, distante ou desconhecido que seja, que eu não deva me aproximar e torná-lo o meu próximo se está precisando de mim.

Certa ocasião, um mestre da lei perguntou a Jesus: "quem é o meu próximo?", isto é, até aonde vão as minhas obrigações. Jesus responde com a conhecida Parábola do Bom Samaritano[52]. No caminho que conduz de Jericó a Jerusalém, um homem caiu nas mãos de assaltantes. Atacado, despojado de tudo, quase morto na sarjeta, abandonado à sua própria sorte.

---

52 Lucas 10,30-37.

Não sabemos quem é. Só sabemos que é um "homem". Poderia ser qualquer um de nós. Um ser humano abatido pela violência, desgraça ou abandono.

Felizmente, um sacerdote e logo depois um levita chegam pelo caminho. Eles são pessoas religiosas: vivem a serviço do Deus santo do Templo. No entanto, quando viram o homem ferido, os dois seguiram em frente. "Vendo-o, desviou-se dele e passou adiante." Parece que o homem desconhecido e estranho não era seu próximo. Eles não têm nada a ver com ele.

Mais adiante aparece uma terceira pessoa, um viajante. Não é um sacerdote nem um levita. Não vem do Templo. Ele nem sequer pertence ao povo escolhido. É um "desprezível" samaritano. A história descreve o seu desempenho em detalhes. "Quando o viu, ficou com pena dele. Aproximou-se". Depois faz tudo o que pode pelo homem: trata das feridas, faz curativos, coloca-o em cima da própria montaria e o conduz a uma pensão. Lá cuida pessoalmente do homem e se compromete a pagar as despesas que forem necessárias.

O samaritano não se pergunta se aquele estranho gravemente ferido é ou não o seu próximo. Ele só sabe que é um homem pobre que precisa de ajuda. Não precisa saber de mais nada. Quando o vê, sente compaixão e se "aproxima", faz dele o seu próximo. Quando Jesus termina o seu relato, pergunta ao mestre da lei: "Na tua opinião, quem destes três se tornou o próximo daquele que caiu nas mãos dos assaltantes?" O mestre da lei responde: "Aquele que teve pena dele". Então Jesus lhe disse: "Vai e faze tu o mesmo".

124

Esse é o apelo de Jesus. Diante dos que sofrem, não devemos nos perguntar quem é o nosso próximo, até aonde vão as nossas obrigações. A pergunta em nossas casas tem de ser outra: Quem precisa de nós, da nossa família, para que possamos nos aproximar e torná-los os nossos próximos? De acordo com Jesus, o amor pelo próximo necessitado não conhece limites, não deve se restringir apenas aos nossos familiares, ao círculo de amigos ou às pessoas a quem nos sentimos ligados por laços de religião, patriotismo ou ideologia. É assim que se entende o clamor de Jesus aos seus seguidores: "Sede misericordiosos como vosso Pai é misericordioso" (Lucas 6,36).

Continua sendo difícil para os seguidores de Jesus compreender que o seu Evangelho nos chama a "guiar a solidariedade, não para com os membros do círculo familiar, mas para com os miseráveis da terra"[53]. No entanto, é isso que lemos no Evangelho de Lucas: "Quando deres um almoço ou um jantar, não chames os amigos, nem os irmãos, nem os parentes, nem os vizinhos ricos, para não acontecer que eles, por sua vez, te convidem, e assim já tenhas a tua recompensa. Quando deres um jantar, chama os pobres, os aleijados, os coxos e cegos. Então serás feliz, pois estes não têm com que pagar. Receberás a recompensa na ressurreição dos justos" (Lucas 14,12-14).

Jesus não critica o amor entre os membros da família nem as relações entre parentes e amigos, mas alerta-nos sobre alguns tipos de relações familiares e sociais que não se baseiam na ajuda aos necessitados, mas na troca de presentes e bene-

---

53 CASTILLO, J. M. "La familia y el Evangelio". Op. cit., p. 39.

fícios entre pessoas que se fecham em um egoísmo compartilhado, ignorando ao mesmo tempo os que necessitam de ajuda gratuita. Quase sem nos darmos conta, podemos estar promovendo uma solidariedade que só funciona efetivamente dentro da família, sem se estender para além dos limites do próprio lar. É coerente com o Evangelho de Jesus fazer da família a justificativa para acumular bens sem nenhum limite, com o pretexto de cuidar do futuro dos filhos, que herdarão os bens algum dia, esquecendo sempre dos deserdados da terra, daqueles que não receberão nada de ninguém?

A título de conclusão

Jesus não é apenas uma exigência, mas também um presente nestes tempos por vezes difíceis e incertos. O seu Evangelho pode fazer da família de hoje um lugar privilegiado para viver e crescer em um clima caloroso de afeto, dignidade e alegria. Dificilmente se encontrará hoje um lugar e um ambiente como o da família inspirada no seguimento de Jesus para uma convivência saudável e uma relação enriquecedora entre as gerações.

Jesus aponta um horizonte diferente para a família, uma dimensão mais profunda e uma verdade mais alegre. A sua presença no lar nos liberta de ilusões, medos e egoísmos que paralisam a nossa vida. Traz para a nossa casa algo muito decisivo, como a alegria de viver, a compaixão pelos outros ou a responsabilidade por um mundo mais justo. Jesus nos ajuda a viver com simplicidade e dignidade, com sentido e esperança. É uma sorte acolhê-lo em nossa casa.

5

O AMOR COTIDIANO DO CASAL

Na sua Exortação *Amoris Laetitia*, o Papa Francisco dedica o quarto capítulo, intitulado "O nosso amor cotidiano", a um tema muito importante para os casais cristãos. Sei que muitos casais não irão ler esse escrito do papa, em que poderiam encontrar luz e força para viver o seu amor conjugal (*Amoris Laetitia*, 90-119). É por isso que me encorajei a extrair algumas reflexões práticas que podem ajudar os casais a viverem o seu amor no dia a dia. Francisco apresenta a sua mensagem com base em um conhecido texto de São Paulo em que são expostas as características mais importantes do verdadeiro amor (1Coríntios 13,4-7).

1. Paciência

Ser paciente não é permitir que nos maltratem continuamente, ou tolerar agressões físicas, ou permitir que nos tratem como objetos. O problema é quando exigimos que as pessoas sejam perfeitas ou quando nos colocamos no centro e esperamos que apenas a nossa vontade seja realizada. Então tudo nos torna impacientes, tudo nos leva a reagir de maneira agressiva.

Se não cultivarmos a paciência, teremos sempre desculpas para responder com raiva, e, por fim, nos tornaremos pessoas que não sabem conviver, antissociais, incapazes de adiar impulsos, e a família se tornará um campo de batalha.

2. Atitude de serviço

O amor não é apenas um sentimento, mas deve ser compreendido no sentido do verbo "amar" em hebraico: "fazer o bem". Como disse Santo Inácio de Loyola, "o amor deve ser colocado mais em atos do que em palavras". Pode assim demonstrar toda a sua fecundidade e permite-nos experimentar a felicidade de dar, a nobreza e a grandeza de doar-se com abundância, sem medidas, sem exigir pagamentos, pelo simples gesto de dar e servir (*Amoris Laetitia*, 94).

3. O amor não inveja

Isso quer dizer que no amor não há lugar para sentir desconforto pelo bem do outro... A inveja é uma tristeza pelo bem dos outros, e mostra que não estamos interessados na felicidade dos outros, pois estamos exclusivamente concentrados no nosso próprio bem-estar. Enquanto o amor nos tira de nós mesmos, a inveja nos leva a nos concentrarmos apenas em nós mesmos.

O amor verdadeiro valoriza as conquistas do outro, não as sente como uma ameaça e liberta-se do sabor amargo da inveja. Aceita que cada um tem dons diferentes e caminhos diferentes na vida. Dessa forma, tenta descobrir o seu próprio caminho para a felicidade, deixando que os outros encontrem o deles (*Amoris Laetitia*, 95).

4. O amor não se vangloria nem se orgulha

Aqueles que amam não apenas evitam falar demais de si mesmos, como também, por estarem focados nos outros, sabem se colocar em seu lugar sem pretender ser o centro... Alguns acreditam que são grandes porque sabem mais do que outros e se dedicam a fazer exigências e controlá-los, quando na realidade, o que nos torna grandes é o amor que compreende, cuida, protege os mais fracos...

Na vida familiar, a lógica do domínio de uns sobre os outros ou da competição para ver quem é mais inteligente ou poderoso não pode reinar, porque essa lógica acaba com o amor (*Amoris Laetitia*, 97-98).

5. O amor é bondoso

O amor não age de maneira rude, não age de maneira indelicada, não é duro nas suas relações. Os seus modos, as suas palavras e os seus gestos são agradáveis e não duros ou rígidos... O amor, quando é mais íntimo e profundo, exige ainda mais respeito pela liberdade e capacidade de esperar que o outro abra a porta do seu coração...

Aquele que ama é capaz de dizer palavras de encorajamento, que confortam, fortalecem, consolam, estimulam o outro... não são palavras que humilham, que entristecem, que irritam, que desprezam (*Amoris Laetitia*, 99-100).

6. O amor não procura seus interesses

Já dissemos muitas vezes que para amar os outros devemos primeiro amar a nós mesmos. No entanto, o amor não procura o seu próprio interesse ou não procura o que é dele. O próprio São Paulo usa esta expressão em uma de suas cartas: "não visando ao próprio interesse mas ao dos outros" (Filipenses 2,4). O amor pode ir além da justiça e transbordar de graça, "sem nada esperar em troca" (Lucas 6,35; *Amoris Laetitia*, 101-102).

7. O amor não se ira

A irritação é uma violência interna, não manifesta, que nos coloca na defensiva em relação aos outros, como se fossem inimigos irritantes a serem evitados. Alimentar essa agressividade íntima não serve para nada. Só nos deixa doentes e acaba por nos isolar...

É por isso que nunca se deve terminar o dia sem fazer as pazes com a família. E como fazer as pazes? Ajoelhando-se? Não. Basta um pequeno gesto, uma pequena coisa, e a harmonia familiar retorna. Uma carícia é suficiente, sem palavras.

Mas nunca terminar o dia sem fazer as pazes... Se temos de combater algum mal, assim façamos, mas devemos sempre dizer "não" à violência interior (*Amoris Laetitia*, 103-104).

8. O amor não guarda rancor

O contrário de guardar rancor é o perdão, um perdão que se baseia em uma atitude positiva, que tenta compreender a fraqueza dos outros e tenta encontrar desculpas para a outra parte, como fez Jesus quando disse: "Pai, perdoa-lhes porque não sabem o que fazem". Mas a tendência normalmente é procurar cada vez mais culpas, imaginar cada vez mais maldades, assumir todo o tipo de más intenções, e assim o ressentimento cresce e se enraíza...

A comunhão familiar requer uma pronta e generosa disponibilidade de todos e de cada um para a compreensão, tolerância, perdão e reconciliação. Nenhuma família ignora que o egoísmo, o desacordo, as tensões e os conflitos atacam com violência e por vezes ferem mortalmente a própria comunhão: daí as muitas e variadas formas de divisão na vida familiar...

Se aceitarmos que o amor de Deus é incondicional, que o carinho do Pai não pode ser comprado ou pago, então seremos capazes de amar para além de todo o resto, de perdoar os outros mesmo quando eles forem injustos. Caso contrário, a nossa vida familiar deixará de ser um lugar de compaixão, acompanhamento e encorajamento e se tornará um ambiente de tensão permanente ou de castigo mútuo (*Amoris Laetitia*, 105-108).

9. O amor não se alegra com a injustiça, mas se alegra com a verdade

O amor se alegra com a verdade. Por outras palavras, alegra-se com o bem do outro, quando a sua dignidade é reconhecida, quando as suas capacidades e boas ações são valorizadas. Isso é impossível para alguém que precisa sempre estar competindo ou se comparando, mesmo com o próprio cônjuge, a ponto de se alegrar secretamente com os seus fracassos.

Quando uma pessoa que ama é capaz de fazer bem ao outro, ou quando vê que o outro está indo bem na vida, vive essa experiência com alegria, e assim dá glória a Deus, porque: "Deus ama *a quem dá com alegria*" (2Coríntios 9,7). Se não alimentarmos a nossa capacidade de desfrutar do bem do outro e, sobretudo, nos concentrarmos em nossas próprias necessidades, nos condenaremos a viver com pouca alegria, pois, como disse Jesus: "Maior felicidade é dar do que receber" (Atos dos Apóstolos 20,35; *Amoris Laetitia*, 109-110).

10. O amor tudo sofre

Isso significa manter silêncio sobre o mal que possa existir na outra pessoa. Implica limitar o julgamento, contendo a inclinação para lançar uma condenação dura e implacável. "Não condeneis e não sereis condenados" (Lucas 6,37).

Os cônjuges que se amam e que se pertencem falam bem um do outro, procuram evidenciar o lado bom do cônjuge para além das suas fraquezas e erros. Em todo o caso, eles se mantêm em silêncio para não prejudicar a imagem do outro... Esses defeitos são apenas uma parte da relação, não são a totalidade da relação... O outro não é só aquele que me incomoda. É muito mais do que isso (*Amoris Laetitia*, 112-113).

11. O amor tudo crê

A confiança torna possível uma relação de liberdade. Não é necessário controlar o outro, seguir cuidadosamente os seus passos para evitar que escape dos nossos braços. O amor confia, deixa livre, renuncia a controlar tudo, a possuir, a dominar. Essa liberdade que possibilita espaços de autonomia, abertura ao mundo e novas experiências permite que a relação seja enriquecida e não se torne um círculo fechado sem horizontes. Ao mesmo tempo, torna possível a sinceridade e a transparência, porque quando a pessoa sabe que o outro confia nela e valoriza a bondade básica do seu ser, então se mostra como é, sem ocultações...

Em uma família em que reina uma confiança básica e amorosa, e em que a confiança é sempre devolvida apesar de tudo, o que vem à tona é a verdadeira identidade dos seus membros, e o engano, a falsidade ou a mentira são espontaneamente rejeitados (AL 114-115).

12. O amor tudo espera

O amor não se desespera com o futuro... isso indica a espera de quem sabe que o outro pode mudar. Espera sempre que um amadurecimento seja possível, que aconteça um surpreendente surto de beleza, que as potencialidades mais ocultas do seu ser germinem algum dia. Aqui a esperança está presente no seu sentido mais pleno, porque inclui a certeza de uma vida para além da morte.

Essa pessoa, com todas as suas fraquezas, é chamada à plenitude do céu. Lá, completamente transformada pela ressureição de Cristo, as suas fragilidades, as suas obscuridades e as suas patologias deixarão de existir. Lá, o verdadeiro ser dessa pessoa brilhará com todo o seu poder de bem e com toda a sua beleza (AL 116-117).

13. O amor tudo suporta

Isso significa suportar todos os contratempos com espírito positivo. É se manter firme em meio a um ambiente hostil. Não se trata apenas de tolerar algumas coisas irritantes, mas de algo mais amplo: uma resistência dinâmica e constante, capaz de superar qualquer desafio. É amor apesar de tudo, mesmo quando todo o contexto convida a outra coisa...

Na vida familiar, é necessário cultivar essa força do amor que nos permite lutar contra o mal que o ameaça. O amor não se deixa dominar pelo ressentimento, pelo desprezo pelas pessoas, pelo desejo de ferir ou de cobrar algo. O ideal cristão, e de modo particular na família, é o amor apesar de tudo (AL 118-119).

Parte II

COMPARTILHAR O EVANGELHO DE JESUS COMO CASAL

O principal objetivo desta proposta é oferecer uma ajuda simples aos casais cristãos e, mais especificamente, aos pais e mães que desejam construir um lar mais humano e cristão.

Proponho que vocês façam um caminho juntos para conhecer melhor Jesus, mergulhando no Evangelho de Jesus de maneira simples. Se vocês se ajudarem mutuamente a recuperar o "frescor original" desses textos evangélicos, experimentarão que Jesus pode responder, nestes tempos difíceis, às perguntas, preocupações, problemas e esperanças que vivem em suas casas.

São abordados doze temas nessa trajetória. Em cada um deles proponho a reflexão sobre um texto evangélico e ofereço diferentes ajudas para vocês descobrirem juntos a mensagem de Jesus, bem como sugestões para estimular o raciocínio, assumir compromissos e rezar em casal.

Não se limitem, durante o caminho, a utilizar as ajudas e sugestões que eu proponho como uma obrigação rotineira. Ajam de maneira criativa. Vocês são os que melhor conhecem a sua casa e o momento que estão vivendo. Vocês são os que terão de descobrir qual pode ser a melhor maneira de fortalecer, consolidar e aprofundar o seu amor como casal, e também o que pode melhorar o cuidado com os seus filhos. Naturalmente, decidam vocês mesmos, como casal, o ritmo e a frequência dos seus encontros. Não é necessário trabalhar cada tema em apenas uma sessão. É melhor que mais de uma reunião seja dedicada a cada assunto.

* * *

No início de cada tópico, sugiro que leiam uma breve introdução para que estejam cientes do objetivo da reflexão, para que possam começar a sentir a importância do assunto e no que ele pode contribuir no momento para vocês.

Em seguida, passa-se para a leitura do Evangelho, mas antes de fazê-lo, é bom que fiquem por alguns minutos em silêncio. Vocês não vão ler apenas mais um livro. Vocês estão prestes a ler o Evangelho de Jesus: "Vamos ouvir Jesus. Deus falará conosco por meio dele. As suas palavras vão nos fazer bem. O que ouviremos hoje? Senhor, abre o nosso coração para que te recebamos".

Depois, um dos dois lê calmamente o texto indicado. Devemos sempre ler o Evangelho muito lentamente, sem qualquer pressa, prestando bastante atenção a cada palavra. O importante é compreender o que o texto quer comunicar. Se fizerem assim, palavras que talvez vocês tenham ouvido muitas vezes de maneira rotineira agora tocarão os seus corações. E não são poucas as atuações e gestos de Jesus que surpreenderão vocês.

Vários personagens podem aparecer no texto, mas devemos sempre fixar a nossa atenção em Jesus, a fim de registrar bem o que Ele diz e o que Ele faz. Por outras palavras, temos de estar atentos às suas palavras e ao seu estilo de vida. Com Ele aprenderemos a viver de maneira mais digna, mais humana e mais feliz.

* * *

Uma vez terminada a leitura, vocês podem aprofundar no texto do Evangelho seguindo as perguntas e sugestões que proponho na seção "abordagem do texto". Vocês podem se deter mais no que chamou a atenção ou no que consideram mais interessante.

Para completar a compreensão do texto vocês podem ler o "comentário" que eu apresento. O importante não é aprender coisas novas, mas que a mensagem do Evangelho penetre em vocês. Por razões pedagógicas, fáceis de compreender, é melhor que vocês não leiam o comentário antes de terem trabalhado pessoalmente na abordagem do texto.

* * *

Depois de terem se esforçado para ouvir o Evangelho de Jesus, podem agora refletir e dialogar a fim de extrair consequências práticas. Como vocês podem entender, é um momento muito importante. Para estimular a reflexão e alimentar o diálogo entre vocês, ofereço algumas sugestões e perguntas para o diálogo. Vocês mesmos verão como podem se organizar melhor para refletir com tranquilidade e para conversar o tempo que for preciso.

Também ofereço algumas "sugestões" para que vocês possam "rezar" como casal. As sugestões podem ser usadas para terminar o trabalho sobre cada tópico e também para rezar sozinho ou em casal em qualquer outro momento. Também é importante agir com liberdade e com espírito criativo.

* * *

Alguns de vocês podem pertencer a algum movimento matrimonial ou familiar, ou ter uma boa amizade com casais que têm as mesmas preocupações que vocês. Seria muito enriquecedor se todos vocês se juntassem nessa jornada. Basta que cada casal trabalhe os temas em casa e depois se reúna com os outros casais para compartilhar a própria contribuição.

Quase todos os casais experimentam frequentemente as mesmas dificuldades e têm problemas semelhantes. Se decidirem fazer juntos esse caminho que proponho, descobrirão o quanto podem encorajar e ajudar uns aos outros a viverem melhor a vida matrimonial e familiar.

1

Construir o lar ouvindo Jesus

Mateus 7,24-27

[24]Portanto, todo aquele que ouve estas minhas palavras, e as põe em prática, será como um homem prudente que construiu sua casa sobre a rocha. [25]Caiu a chuva, vieram as enxurradas, sopraram os ventos e deram contra a casa, mas ela não desabou. Estava fundada na rocha. [26]Mas todo aquele que ouve estas minhas palavras, e não as põe em prática, será como um homem tolo que construiu sua casa sobre a areia. [27]Caiu a chuva, vieram as enxurradas, sopraram os ventos e deram contra aquela casa, e ela desabou. E grande foi sua ruína.

Guia de leitura

Neste primeiro encontro vamos ouvir o chamado de Jesus para nos perguntarmos como estamos construindo a nossa casa. Construir uma casa é algo lindo e admirável. Mas nem sempre é fácil e simples. Como ajudar uns aos outros? Como agir de maneira lúcida e responsável? Como Jesus pode contribuir? Como Ele pode nos ajudar? Seremos capazes de ouvi-lo?

Abordagem do texto

1) A parábola de Jesus. É um relato breve e simples. Você já ouviu alguma vez? Você já pensou que o ensino desta pequena parábola pode conter algo importante para um casal nos dias de hoje?

2) A atuação dos dois homens. De acordo com o relato, os dois homens constroem a "sua" casa. Nesta casa um dia viverão as suas esposas e filhos. Por fora parece que os dois estão fazendo a mesma coisa, mas não estão. Onde está a diferença?

3) As qualificações. Como os dois homens são qualificados na história? São utilizados termos morais? O que é ser "prudente" ou ser "tolo"?

4) Construir a vida. Conhecemos pessoas que vivem sem pensar em estabelecer a sua vida de casal em algum projeto, em algumas bases, valores, critérios, ideais? Devemos simplesmente condená-los pela sua insensatez? Eles também não estão condicionados por outros fatores?

5) Construir uma vida cristã. De acordo com a parábola de Jesus, onde poderia e deveria um casal formado por seus seguidores estabelecer sua vida humana e cristã?

6) Escutar as palavras de Jesus. É possível ser cristão sem ouvir o Evangelho de Jesus? Onde podem os casais seguidores ouvir hoje as palavras de Jesus?

7) Colocar as palavras em prática. É comum entre os cristãos "ouvir" as palavras de Jesus e não as colocar em prática?

8) Consequências. A atual crise do cristianismo se deve, sem dúvida, a diversos fatores socioculturais. Mas poderá a fé subsistir entre nós se ignorarmos o Evangelho de Jesus e vivermos sem acolher em nossa vida a luz, a força, o fôlego e a vida que as suas palavras transmitem?

Comentário

Os primeiros cristãos deram às palavras de Jesus uma importância que hoje achamos difícil de imaginar. Aqueles que o conheceram nos caminhos da Galileia experimentaram que Jesus não falava como os mestres da Lei. Ele nunca citava os rabinos do passado. As suas palavras tinham uma força desconhecida. Ele falava com autoridade, mas nunca forçou ninguém nem pressionou aqueles que vieram ouvi-lo. Ele chamou, convidou, atraiu: "Se alguém quiser me seguir..."; "quem tem ouvidos para ouvir, ouça..."

As suas palavras aliviaram o sofrimento dos doentes e despertaram neles a fé em um Deus que é amigo da vida. Ele ofereceu o perdão de Deus gratuitamente aos pecadores e inspirou neles uma nova confiança no Pai de todos. Libertou as pessoas do temor a Deus; mudou o coração das pessoas. Ele ofereceu a sua amizade a corruptos cobradores de impostos e a prostitutas pobres nas aldeias da Galileia. Alguns começaram a chamá-lo de "amigo dos pecadores". Jesus nunca negou, pois sentiu verdadeiramente que era amigo deles.

* * *

É por isso que não devemos nos surpreender pelo fato do evangelista Mateus, no final do Sermão da Montanha, ter retomado uma pequena parábola na qual sublinha algo que nós, seguidores de Jesus, nunca devemos esquecer. Ser cristão é "escutar as palavras" de Jesus e "colocá-las em prática": ouvir a sua mensagem e dar-lhe vida. Se não fizermos isso, o nosso cristianismo será "tolo", sem sentido.

A parábola é curta, simples e simétrica. Provavelmente é escrita desta forma para facilitar o seu ensino entre o povo simples das comunidades cristãs. Todos precisam saber qual é a primeira coisa que os seguidores de Jesus devem fazer: ouvir e colocar em prática as suas palavras. É a melhor maneira de construir uma família de seguidores de Jesus e um mundo melhor.

* * *

De acordo com a história, dois homens constroem uma casa. Aparentemente, ambos fazem a mesma coisa. Os dois estão empenhados em algo belo e duradouro: construir a sua casa. Mas eles não estão construindo da mesma maneira. Quando a tempestade chega, descobre-se que a primeira foi construída na rocha, enquanto a segunda foi construída na areia.

Segundo Jesus, o homem "prudente" não constrói a sua casa de qualquer maneira. Preocupa-se com o essencial: construir sobre "rocha" firme. O "tolo", por outro lado, não pensa no que está fazendo: constrói sobre a "areia", no fundo do vale. Quando chegam as chuvas de inverno, as inundações e as tempestades, a casa construída sobre a rocha se mantém firme, enquanto a edificada sobre areia afunda completamente.

A parábola é uma séria advertência e nos convida, como seguidores de Jesus, a nos perguntarmos se estamos construindo a nossa vida ouvindo e colocando em prática as suas palavras ou se a estamos construindo em areias inseguras que não têm a solidez nem a garantia do Evangelho.

* * *

Os primeiros seguidores de Jesus leram os evangelhos não como palavras ditas por Jesus no passado, mas como palavras que, em todas as épocas, o Ressuscitado está dizendo a todos nós. O evangelista João diz em outra parte de seu evangelho que as palavras de Jesus são "espírito e vida", isto é, palavras que são fôlego e dão vida.

Quando nós, seguidores de Jesus, abrimos o Evangelho, não estamos lendo a biografia de uma pessoa falecida ou o legado que nos foi deixado por um profeta de outros tempos. Jesus ainda está vivo. As suas palavras não se perderam em um passado cada vez mais distante. Se lermos o Evangelho com fé, ouviremos a sua voz no fundo dos nossos corações. Não nos sentiremos sozinhos. Jesus estará conosco.

Ao longo desta jornada aprenderemos a ouvir a voz de Jesus, que ressoa dentro de nós. Por vezes ela nos convidará a viver sem tantos estresses e tensões. Em outros momentos, colocará paz em nossos corações. Fará crescer a nossa confiança em um Deus que sempre nos oferece seu perdão. Mais de uma vez nos chamará para enriquecermos o nosso relacionamento conjugal, amando um ao outro com mais alegria e mais verdade a cada dia. Trará luz e força para vivermos com os nossos filhos dia após dia.

* * *

Deixe-me falar com vocês a partir do coração. É difícil aproximar-se de Jesus e não se sentir atraído pela sua pessoa. Jesus pode trazer um horizonte diferente para o seu relacionamento como casal e uma dimensão mais profunda à sua convivência em casa. Jesus os ensinará a viver dia após dia a partir de um Deus que apenas quer uma vida mais digna e alegre para os seus filhos. O contato com Jesus os libertará de autoenganos, medos e egoísmos que possam estar paralisando a sua vida e prejudicando a sua casa. Jesus pode trazer para o seu lar algo muito importante como a alegria de viver com simplicidade e dignidade, com sentido e esperança.

Ainda mais. Jesus os atrairá a acreditar em Deus como Ele acreditou, sem fazer do seu mistério um ídolo ou uma ameaça, mas uma presença amiga e próxima, uma fonte inesgotável de vida e compaixão por todos. Infelizmente, vivemos às vezes com imagens doentias de Deus, que transmitimos de geração em geração sem medir os seus efeitos desastrosos. Jesus nos convida a experimentar um Deus Pai que é mais humano e maior do que qualquer coisa que possamos imaginar. Um Deus salvador e amigo, um amor incrível e imerecido por todos.

Neste momento penso também nos casais que, decepcionados por um cristianismo medíocre e incoerente, praticamente se afastaram da Igreja e hoje procuram luz e calor para as suas vidas por caminhos diferentes. Já não sentem mais a Igreja como fonte de vida. Penso também nos jovens casais para os quais o nome de Jesus nunca representou nada de sério ou cuja memória já se desvaneceu na consciência. Também conheço casais que não sabem muito sobre Jesus, mas que se sentem secretamente atraídos por Ele. Por outro lado, hoje são muitos os que vivem "perdidos", sem saber em qual porta bater.

Quero dizer a todos que em Jesus vocês poderão encontrar luz e força para construir a sua casa. Deixe-o entrar em sua casa. Eu sei que Jesus pode ser para vocês a grande notícia, o "segredo" do seu lar.

Sugestões para o diálogo e engajamento

1) Lemos as seguintes perguntas. Depois refletimos sobre elas em silêncio. Quando tivermos vontade, compartilhamos uma por uma:

• O que estávamos buscando no início desta jornada?

• Que perguntas fazemos a nós mesmos?

• Que medos surgem em nós?

2) Completamos as seguintes frases e depois as compartilhamos em casal:

• Para mim, construir uma casa na rocha é, acima de tudo...

• Hoje em dia, o maior erro que muitos casais cometem é...

• Para mim, a primeira coisa que precisamos neste momento para construir a nossa casa na rocha é...

3) Com qual das seguintes frases nos identificamos mais no início da nossa jornada? Por quê?

• "Envia tua luz e tua verdade: que elas me guiem" (Salmo 43 (42)).

• "Volta, minha alma, ao teu repouso, pois o Senhor te fez o bem!" (Salmo 116).

• "Clamo de todo o coração; responde-me, Senhor" (Salmo 119).

4) Com o que podemos nos comprometer como casal e como pais para que esta jornada que estamos iniciando nos ajude a renovar eficazmente a vida de nossa casa?

Sugestões para oração

• Sentados confortavelmente em silêncio, nos reunimos para ouvirmos juntos Jesus. Alguém lê lentamente estas palavras: "todo aquele que ouve estas minhas palavras, e as põe em prática, será como um homem prudente que construiu sua casa sobre a rocha". Ficamos em silêncio durante cinco minutos, conversando com Jesus a partir do fundo do nosso coração. Se tivermos vontade, podemos fazê-lo de mãos dadas.

* * *

• Podemos rezar esta oração juntos, lentamente. Primeiro em silêncio, depois em voz alta:

> Jesus, nossa paz,
> Diz a cada um de nós:
> "Por que te inquietas?
> Apenas uma coisa é necessária:
> Um coração que ouve
> Para compreender
> Que Deus te ama
> E sempre te perdoa".
>
> *Ir. Roger de Taizé*

• Podemos passar algum tempo em silêncio para que cada um de nós possa internamente pronunciar esta oração:

> Tu sabes que sempre te amei,
> E continuo te amando,
> Tu sabes que te amo.
> Apesar do cansaço e do abandono de tantos dias,
> Apesar da minha cabeça vazia e dura,
> E do meu coração de pedra,
> Tu sabes que te amo.
> Apesar das minhas dúvidas de fé, da minha
> esperança vacilante e do meu amor possessivo,
> Tu sabes que te amo.
>
> *Florentino Ulibarri*

• Para meditar sozinho em algum momento de silêncio:

Ninguém foi ontem, nem vai hoje,
Nem irá amanhã até Deus
Por este mesmo caminho que eu vou.
Para cada homem guarda
Um raio novo de luz o sol...
E um caminho virgem Deus.

León Felipe, poeta, 1884-1968

2

PEDI, BUSCAI, BATEI

Lucas 11,9-13

"⁹Digo-vos, pois: Pedi e vos será dado; buscai e achareis; batei e vos abrirão. ¹⁰Pois quem pede, recebe; quem procura, acha; e a quem bate, se abre. ¹¹Que pai dentre vós dará uma pedra a seu filho que pede um pão? Ou lhe dará uma cobra se ele pedir um peixe? ¹²Ou se pedir um ovo lhe dará um escorpião? ¹³Se, pois, vós que sois maus, sabeis dar coisas boas aos vossos filhos, quanto mais o Pai do céu saberá dar o Espírito Santo aos que pedirem!"

Guia de leitura

Ambos partimos de um grande desejo: reavivar a nossa relação de casal e renovar o clima do nosso lar: com que atitude devemos dar estes primeiros passos? Queremos ouvir as palavras de Jesus e colocá-las em prática, mas será que seremos capazes de fazê-lo? As primeiras palavras que vamos ouvir dele devem nos encher de esperança: "Pedi e vos será dado; buscai e achareis; batei e vos abrirão". É assim que começamos a nossa jornada: como "pobres" que precisam "pedir" o que não podem dar a si mesmos. Como "perdidos" que precisam "buscar" o caminho para Jesus. Como "crentes" que precisar "gritar" Deus, porque muitas vezes sentimos que Ele está longe. Assim começamos a nossa pequena aventura. Com realismo, com toda a nossa boa vontade e com confiança.

Abordagem do texto

1) O triplo convite de Jesus. O evangelista coloca-o em três palavras. Podemos indicá-las? "Pedir", "buscar" e "chamar" são a mesma coisa? Normalmente, o que fazemos diante de Deus? Basta "pedir"? Também devemos "buscar"? Quando "batemos" à sua porta?

2) A confiança total de Jesus. O que pensamos a respeito da confiança de Jesus: "Quem pede, recebe [...] quem procura, acha [...] e a quem bate, se abre?" Esta é a sua experiência? Como devemos entender essas palavras de Jesus?

3) As imagens de Jesus. O que sentimos quando ouvimos Jesus falar com tanta simplicidade aos seus seguidores? É verdade que os pais, mesmo sendo maus, sabem dar coisas boas aos filhos? Qual é a nossa experiência?

4) A confiança em Deus. Alguma vez já pensamos que Deus tem de ser melhor do que todos nós? O que é para nós confiar em Deus? Para que serve confiar em Deus? O que posso dizer da minha experiência pessoal?

5) *Pedir ao Espírito Santo*. Em geral, que "coisas boas" costumamos pedir a Deus? Em quais momentos? Já ouvimos alguém pedir a Deus o Espírito Santo? Quando? Para quê?

Comentário

Aparentemente, essas palavras de Jesus ficaram muito gravadas em seus seguidores mais próximos. É provável que Jesus tenha dito essas palavras em mais de uma ocasião, ao redor do lago ou enquanto andava com seus discípulos pelas aldeias da Galileia pedindo algo para comer, procurando abrigo ou batendo às portas dos vizinhos. Jesus soube aproveitar cada experiência para despertar a confiança dos seus discípulos no Pai do céu.

Provavelmente, nem sempre encontraram uma resposta, mas Jesus não se sentia desencorajado. Ele é sempre visto confiando no Pai. Em mais de uma ocasião, Ele diz aos seus seguidores: "a sua fé é muito pequena". É por isso que Ele diz estas palavras: "Digo-vos, pois: Pedi e vos será dado; buscai e achareis; batei e vos abrirão". É assim que devemos viver diante do Pai. Como pobres que precisam "pedir" o que não têm, como pessoas perdidas que precisam "buscar" o caminho que não conhecem, como caminhantes que precisam "bater" à porta de Deus.

* * *

A confiança de Jesus é absoluta. Não sabemos exatamente como Ele se expressou, mas os evangelistas registraram suas palavras de maneira lapidada: "Quem pede, recebe. Quem procura, acha. A quem bate, se abre". Esta é a experiência que vamos viver juntos com Jesus em nossa jornada. A linguagem utilizada sugere que Jesus está falando sobre Deus, embora Ele evite pronunciar o seu nome, como os judeus costumavam fazer. É por isso que poderia ser traduzido da seguinte forma: "Pedi e Deus os dará. Buscai e Deus se deixará encontrar. Batei e Deus abrirá".

Curiosamente, não é dito o que devemos pedir, o que devemos procurar ou em que porta devemos bater. Para Jesus, o importante é a atitude com a qual vivemos perante Deus. Se fizermos o nosso caminho suplicando, procurando e chamando, conscientes da fraqueza de nossa fé, mas colocando a nossa confiança em Deus, ele se abrirá para nós.

Embora os três convites de Jesus apontem para a mesma atitude subjacente, sugerem nuanças diferentes. "Pedir" é suplicar por algo que devemos receber como um presente, pois não podemos dar a nós mesmos. Muitas vezes precisaremos pedir a Deus luz e força para construir a nossa casa sobre a rocha. "Buscar" é investigar, seguir, mover-se para descobrir algo que está escondido de nós. Muitas vezes teremos de nos esforçar para encontrar o melhor caminho ou a decisão mais acertada para cuidar da nossa relação como casal e da convivência com os filhos. "Chamar" é gritar, é atrair a atenção de alguém que sentimos estar distante de nós, mas que precisamos que nos atenda. Essa é a atitude mais frequente dos salmistas quando sentem que Deus está distante: "A ti clamo, Senhor. Inclina para mim o teu ouvido. Não fiques longe, responde-me. Vem em meu auxílio".

Mas Jesus não deseja apenas despertar essas atitudes. Ele quer, acima de tudo, reavivar a nossa confiança em Deus. Ele não dá aos seus discípulos explicações complicadas. Ele lhes dá três comparações que podem ser bem compreendidas pelos pais e mães que estão ouvindo. Nós também podemos compreender.

"Que pai ou mãe, quando o filho pede um pão, lhe dá uma pedra arredondada, como as que às vezes vê nas estradas? Ou se ele pedir um peixe, lhe dará uma daquelas cobras de água que às vezes aparecem nas redes de pesca? Ou se ele pedir um ovo, lhe dará um escorpião daqueles que se vê na beira do lago?"

Os pais não zombam do seu filho pequeno dessa maneira, não o enganam, não abusam dele, porque ele é pequeno e ainda não sabe distinguir o que é bom do que é ruim. É inconcebível que, quando a criança pede algo bom para comer, lhe deem outra coisa semelhante que possa prejudicá-la. Pelo contrário, eles sempre vão dar o melhor que têm.

Jesus rapidamente estabelece uma conclusão: "Se vós que sois maus, sabeis dar coisas boas aos vossos filhos, quanto mais o Pai do céu, em quem não há sombra do mal, dará coisas boas a seus filhos! Como Deus não pode ser melhor do que vós?"

* * *

É assim que Mateus reúne o pensamento de Jesus. Mas Lucas introduz uma novidade. De acordo com a sua versão, Jesus diz: "quanto mais o Pai do céu saberá dar o Espírito Santo aos que pedirem!" Podemos pedir a Deus muitas coisas boas, mas nenhuma melhor do que o "Espírito Santo". Com esta palavra, os judeus designam o "sopro" de Deus, que cria e dá vida, o seu "amor", que cura e purifica, a sua "força", que renova, transforma e reaviva os nossos corações.

Este mesmo evangelista nos conta que um dia, na sinagoga de seu povo em Nazaré, Jesus aplicou a si mesmo as palavras do Profeta Isaías e disse: "O Espírito do Senhor está sobre mim, porque ele me ungiu para anunciar a Boa-nova aos pobres; enviou-me para proclamar aos aprisionados a libertação, aos cegos a recuperação da vista, para pôr em liberdade os oprimidos" (Lucas 4,18). Os discípulos viram que Jesus estava cheio do Espírito de Deus e que, movido por esse Espírito, Ele se dedicou a proclamar a Boa-nova de Deus aos pobres; a libertar de tantas amarras os que vivem presos; a iluminar a vida de tantos que vivem sem enxergar; a dar liberdade a tantos que são oprimidos pelo mal.

A maior coisa que podemos pedir a Deus que faça para reanimar a nossa fé, para acender o amor nos casais e para transformar o clima das nossas famílias é que Ele traga o Espírito de Jesus para os nossos lares.

Sugestões para o diálogo e engajamento

1) Pensamos sobre as seguintes questões e depois compartilhamos juntos as nossas reflexões:

• Temos alguma experiência de nos comunicarmos com Deus sozinhos ou em casal?

• Rezamos alguma vez pelos nossos filhos? Quando? Como?

• Sabemos agradecer a Deus pelas coisas boas: nascimento de um filho, cura de uma doença?

* * *

2) Completamos as seguintes frases e as compartilhamos em casal:

• Não tenho muita experiência nessas coisas (rezar, ouvir o Evangelho, ficar em silêncio...), mas gostaria...

• Penso que podemos nos ajudar muito se...

• Eu estou disposto a...

* * *

3) A partir da nossa experiência pessoal, que conteúdo damos a estas frases?

• "Amar não é olhar um para o outro, é olhar juntos na mesma direção" (Antoine de Saint-Exupéry).

• "O verdadeiro amor não é conhecido pelo que exige, mas pelo que oferece" (Jacinto Benavente).

Sugestões para oração

• Reunimo-nos em silêncio e lentamente lemos em voz alta estas palavras de Jesus: "Digo-vos, pois: Pedi e vos será dado; buscai e achareis; batei e vos abrirão. Pois quem pede, recebe; quem procura, acha; e a quem bate, se abre".

Depois meditamos sobre essas palavras em silêncio. Em seguida pedimos a Deus "coisas boas" para a nossa casa, para os nossos filhos, para as famílias mais necessitadas...

* * *

• Reunimo-nos em silêncio e lentamente lemos estas palavras de Jesus: "Se, vós que sois maus, sabeis dar coisas boas aos vossos filhos, quanto mais o Pai do céu saberá dar o Espírito Santo aos que pedirem!"

Depois meditamos em silêncio sobre as invocações desta oração: "Envia, Senhor, o teu Espírito". Em seguida, cada um escolhe o seu próprio pedido e o diz em voz alta: "Envia o teu

Espírito sobre a minha fragilidade" ou "Envia o teu Espírito sobre os meus medos" etc.

> Enviai, Senhor, o teu Espírito.
> Enviai o teu Espírito
> Sobre a minha aridez,
> Sobre a minha fragilidade,
> Sobre os meus medos,
> Sobre a minha pobreza,
> Sobre o meu cansaço,
> Sobre as minhas contradições,
> Sobre as minhas lutas,
> Sobre a minha impaciência,
> Sobre a minha frieza,
> Sobre os meus desejos insaciáveis,
> Sobre a minha falta de fé...

> *Florentino Ulibarri*

* * *

No Livro do Profeta Isaías podemos ler estas palavras surpreendentes e consoladoras:

> Assim disse Deus: "Mostrei-me acessível aos que não me consultavam, deixei-me encontrar pelos que não me procuravam; ao povo que não invocava meu nome eu disse: 'Aqui estou, aqui estou!'" (Isaías 65,1).

Meditamos em silêncio sobre essas palavras e damos graças a Deus por todas as coisas boas que recebemos na vida.

* * *

• Para rezar no silêncio do coração em qualquer momento:

Jesus, nossa paz,
É tu quem nos chama
Para te seguir durante toda a nossa vida.
Portanto, com humilde confiança,
Compreendemos
Que tu nos convides a te receber
Agora e sempre.

Ir. Roger de Taizé

* * *

Espírito de Deus, enviai dos céus um raio de luz!
Vinde, Pai dos pobres, dai aos corações vossos sete
dons.
Consolo que acalma, hóspede da alma, doce alívio,
vinde!
No labor descanso, na aflição remanso, no calor
aragem.
Sem a luz que acode, nada o homem pode,
nenhum bem há nele.
Ao sujo lavai, ao seco regai, curai o doente.
Dobrai o que é duro, guiai no escuro, o frio
aquecei.
Dai à vossa Igreja, que espera e deseja, vossos sete
dons
Dai em prêmio ao forte uma santa morte, alegria
eterna!
Enchei, luz bendita, chama que crepita, o íntimo
de nós!

Sequência de Pentecostes*

---

* No original, o autor citava apenas dois trechos da sequência. Como a
tradução desse belíssimo hino em cada língua é uma obra de arte, reprodu-
zimos aqui a sequência na íntegra [N.E.].

3

VINDE A MIM OS QUE ESTÃO CANSADOS

E SOBRECARREGADOS

Mateus 11,25-30

[25]Naquela ocasião, Jesus tomou a palavra e disse: "Eu te louvo, Pai, Senhor do céu e da terra, porque escondeste estas coisas aos sábios e entendidos e as revelaste aos pequeninos. [26]Sim, Pai, porque assim foi do teu agrado. [27]Tudo me foi entregue por meu Pai. Ninguém conhece o Filho senão o Pai, e ninguém conhece o Pai senão o Filho e aquele a quem o Filho o quiser revelar. [28]Vinde a mim vós todos, que estais cansados e sobrecarregados, e eu vos darei descanso.[29]Tomai sobre vós o meu jugo e aprendei de mim, que sou manso e humilde de coração, e achareis descanso para vossas almas. [30]Pois meu jugo é suave e meu peso é leve".

Guia de leitura

Talvez estejamos sentindo que a jornada que começamos pode nos fazer muito bem, mas também que exigirá esforço. É fácil surgirem alguns medos em nós: tudo isso não é muito ambicioso? Não acabaremos mais uma vez vencidos pela inconstância e fraqueza de nossa fé? Alguns podem pensar: isso não é para nós.

Por outro lado, tudo isso não introduzirá mais pressão em nossas vidas? Mas talvez a primeira coisa que todos nós precisemos encontrar seja um pouco de fôlego, pausa e descanso. Certamente nos fará bem neste momento ouvir Jesus, que diz aos casais cristãos do nosso tempo: "Vinde a mim vós todos, que estais cansados e sobrecarregados, e eu vos darei descanso".

Abordagem do texto

1) A ação de graças de Jesus. Jesus tinha o hábito de rezar sozinho, recolhido em um lugar isolado; Por que desta vez Ele quer que as pessoas o ouçam? Por que Ele dá graças ao Pai? Estamos surpresos com o motivo?

2) Os simples compreendem o Pai melhor do que os entendidos. É verdade o que Jesus diz? Acontece normalmente desta forma? Por quê? Por que isso pode parecer ao Pai o melhor?

3) O Pai e seu filho Jesus. O que o Pai deu a Jesus? Seu amor, sua força salvadora, sua mensagem de salvação? Estamos convencidos de que em Jesus podemos encontrar tudo o que precisamos saber sobre Deus? Acreditamos que Jesus também nos quer dar a conhecer o que recebeu do Pai?

4) "Vinde a mim os cansados e sobrecarregados." O que sentimos ao ouvir este chamado a partir de nossa casa? Vivemos cansados e às vezes até mesmo sobrecarregados? Já encontramos alívio e descanso em Jesus? Podemos contar a nossa experiência?

5) "Tomai o meu jugo." Podemos imaginar Jesus carregando um jugo sobre os ombros das pessoas? Para que? Podemos intuir que Jesus pode exigir algo que torne a vida mais suportável? Aqui está algo que precisamos esclarecer.

6) "Aprendei de mim, que sou manso e humilde de coração." O que é para nós uma pessoa mansa e humilde de coração? Que imagem nós temos de Jesus? Será que o sentimos como um profeta manso e humilde de coração?

Comentário

Jesus não teve problemas com as pessoas simples das aldeias da Galileia. Ele sabia que elas o compreendiam. O que o preocupava era se a sua mensagem seria alguma vez compreendida pelos líderes religiosos, pelos especialistas da Lei ou pelos grandes mestres de Israel. A cada dia isso se tornava mais evidente: o que enchia de alegria as pessoas simples, causava indiferença nas demais.

As pessoas "simples" que viviam se defendendo da fome e dos abusos dos poderosos latifundiários o entendiam muito bem: Deus queria que eles vivessem felizes, sem fome nem dificuldades. Os mais enfermos e necessitados vinham até Ele e, encorajados pela fé, voltavam a confiar no Deus da vida. As mulheres que ousavam sair de suas casas deixando o trabalho para ouvir Jesus, sentiam que Deus tinha de amar como Jesus disse: com o coração de uma mãe. As pessoas simples estavam em sintonia com Ele. O Deus que Jesus lhes proclamou era aquele por quem eles ansiavam e precisavam.

A atitude dos "entendidos" era diferente. Caifás e os sacerdotes de Jerusalém o viam como um perigo. Os mestres da Lei não entendiam o porquê da preocupação dele com o sofrimento do povo nem o seu esquecimento de cumprir as exigências religiosas tão importantes como a lei do sábado ou as regras da pureza.

* * *

Um dia, Jesus revelou-lhes o que sentia por dentro quando viu o que estava acontecendo. Cheio de alegria, Ele louvou a Deus diante de todos: "Eu te louvo, Pai, Senhor do céu e da terra, porque escondeste estas coisas aos sábios e entendidos e as revelaste aos pequeninos". Jesus parecia feliz e acrescentou: "Sim, Pai, porque assim foi do teu agrado".

Os "sábios e entendidos" pensam que sabem tudo, mas na verdade não compreendem nada. Eles têm os seus próprios conhecimentos sobre Deus e religião. Não precisam aprender nada de novo a respeito de Jesus. Os seus corações endurecidos os impedem de se abrir com simplicidade e confiança ao que Jesus lhes pode revelar do Pai. Com essa atitude, seria difícil para nós fazermos a nossa jornada. Se já sabemos tudo, o que vamos aprender de Jesus ou do seu projeto de vida?

A atitude das pessoas simples é diferente. Elas não tiveram acesso a grandes conhecimentos religiosos, não frequentaram as escolas dos mestres da Lei. A sua maneira de entender e de viver a vida é mais simples. Elas vão direto ao essencial. Elas sabem o que é sofrer, sentir-se mal e viver sem segurança. Por isso se abrem com mais confiança ao Deus que Jesus lhes anuncia. Elas estão dispostas a ser ensinadas por Ele. O Pai está lhes revelando o seu amor por meio de suas palavras e de toda a sua vida. Elas entendem Jesus como ninguém. Não é esta a atitude que devemos despertar entre nós?

* * *

Certamente podemos confiar em Jesus. Suas palavras transmitem segurança: "Tudo me foi entregue por meu Pai". Tudo o que está contido no mistério do Pai, tudo o que Ele vive e sente por nós, podemos encontrar em Jesus: o seu amor, a sua ternura, o seu carinho por todas as criaturas, a sua predileção pelos mais simples.

O Pai e seu filho Jesus vivem em comunhão íntima, em contato visual. Eles se conhecem com pleno e completo entendimento. Ninguém compreende o Filho como o Pai compreende, e ninguém compreende o Pai como seu filho Jesus e "aquele a quem o Filho o quiser revelar": isto é, sobretudo aos simples.

Jesus terminou a sua ação de graças ao Pai, mas continuou pensando nas pessoas mais simples. Muitas delas vivem oprimidas pelos poderosos proprietários de terras e angustiadas por suas dívidas com os cobradores de impostos. A sua vida é dura e a doutrina que lhes é oferecida pelos responsáveis do Templo torna-a ainda mais difícil. É por isso que Jesus faz três apelos a eles.

* * *

"Vinde a mim vós todos, que estais cansados e sobrecarregados." É o primeiro apelo. É destinado àqueles que experimentam a religião como um fardo, àqueles que se sentem oprimidos por doutrinas que os impedem de alcançar a alegria de um Deus que é amigo e salvador. Se encontrarem a pessoa de Jesus, experimentarão um alívio: "eu vos darei descanso".

"Tomai sobre vós o meu jugo [...] Pois meu jugo é suave e meu peso é leve." É o segundo apelo. Temos de abandonar outros jugos e servidões e carregar o jugo de Jesus, que torna a vida mais suportável. Não porque Jesus exige menos, mas porque se propõe a viver do amor, e isso evidencia o que há de melhor na pessoa, desperta no ser humano o desejo de fazer o bem e gera a alegria de viver.

"Aprendei de mim, que sou manso e humilde de coração." É o terceiro apelo. Jesus não "complica" a vida, Ele torna-a mais clara e simples, mais humilde e mais realista. Ele não sobrecarre-

ga ninguém. Não força a nada. Torna as nossas vidas mais agradáveis e suportáveis. Ensina-nos a viver de maneira mais digna e humana.

Esta é a promessa de Jesus: se aprenderem de mim a viver de maneira diferente, "achareis descanso para vossas almas". Jesus liberta dos fardos, não os introduz; faz crescer a liberdade, não as amarras; atrai a partir do amor, não das leis; desperta a alegria de viver, nunca a tristeza. Sabemos encontrar em Jesus "descanso" para as nossas vidas?

Sugestões para o diálogo e engajamento

1) Pensamos sobre as seguintes questões e depois compartilhamos as nossas reflexões:

• O que é que em nossa casa pode nos levar a viver com tensões, fardos e discórdias?

• Quando nos encontramos sobrecarregados com problemas e cansados de continuar a lutar, o que fazemos para recuperar a paz e o descanso?

• Alguma vez tivemos a experiência de fazer um momento de silêncio juntos no final do dia para descansar, recuperar a paz interior e fazer uma breve invocação a Deus?

• Estamos dispostos a tentar para ver como correm as coisas?

* * *

2) Completamos as seguintes frases e depois as compartilhamos em casal:

• A coisa que mais pesa em casa é...

• O que mais me incomoda nas crianças é...

• O que mais me faz bem nos momentos ruins é que você...

• Eu sinto uma grande paz em ver que, apesar de tudo...

* * *

3) Pensamos sobre as seguintes questões para em seguida
compartilhar as nossas reflexões em casal:

• Quais são os nossos melhores momentos para uma comunicação descontraída e amigável?

• Quais são os gestos, palavras ou detalhes que nos ajudam
a recuperar a harmonia e a paz?

• Que palavras, gestos ou reações devemos evitar entre nós
para não nos magoarmos?

• O que podemos melhorar em nosso relacionamento para
viver de maneira mais amável e suportável?

* * *

4) A partir de nossa experiência, que significado essas frases têm para nós?

- "Não podemos fazer grandes coisas na terra. Tudo o que podemos fazer são pequenas coisas com muito amor" (Madre Teresa de Calcutá).

- "Vivemos no mundo quando amamos. Somente uma vida vivida para os outros vale a pena viver" (Albert Einstein).

Sugestões para oração

- Ouvimos as palavras de Jesus: "Vinde a mim vós todos, que estais cansados e sobrecarregados, e eu vos darei descanso". Em silêncio repetimos mais de uma vez as palavras de Jesus... as gravamos em nossos corações... Em seguida, pedimos a Ele que venha ao nosso lar nos momentos ruins... quando os problemas nos sobrecarregam... quando perdemos a paciência... quando nos magoamos...

* * *

- Ouvimos Jesus, que nos diz lentamente: "Aprendei de mim, que sou manso e humilde de coração". Cada um de nós medita sobre o que mais precisa aprender de Jesus. Sentimos que Ele está à espera de nossa resposta... Pedimos a Ele: "ensina-me a não perder a paciência tão depressa... ensina-me a perdoar com simplicidade e sem me fazer implorar... ensina-me a compreender as falhas dos meus filhos..."

* * *

• Para rezar no silêncio do seu coração em um momento oportuno:

> Jesus, paz dos nossos corações.
> Pelo teu evangelho nos chama
> A ser muito simples e humildes.
> Tu fazes crescer em nós
> Uma grande gratidão
> Pela tua presença constante
> Em nossos corações
>
> *Ir. Roger de Taizé*

• Primeiro, pronunciamos lentamente esta oração. Em seguida, depois de alguns minutos de silêncio, cada um repete as palavras que mais ressoaram em seu coração:

> *Aceita-nos como somos*
> Tu não vieste, Senhor, para julgar,
> Mas para procurar o que estava perdido,
> Para abraçar com ternura
> O que estava doente e com frio,
> Para libertar de culpas e medos
> O que estava cansado e sobrecarregado.
> Tu sabes que somos feitos do barro,
> Aceite-nos como somos:
> Com o nosso passado de pecado,
> Com o pecado do mundo,
> Com os nossos pecados pessoais,
> Com a nossa história cheia de ambiguidades...

Não desistas de ser Pai/Mãe.
Não nos deixe com nossos fardos de sempre.
Infunde-nos com o teu sopro de vida.
Conduza-nos de volta aos teus caminhos.
Sabes que somos de barro.
Não abandones a obra em tuas mãos.

Florentino Ulibarri

* * *

Aumenta a porta, Pai,
Porque não posso passar.
Tu a fizestes para as crianças,
Eu cresci apesar de mim mesmo.
Se não aumentares a porta para mim,
Faz-me menor por pena,
Devolve-me à idade abençoada
Em que viver é sonhar.

Miguel de Unamuno, filósofo, 1864-1936

4

ASSIM COMO EU VOS AMEI, AMAI-VOS TAMBÉM UNS AOS OUTROS

João 13,33-35

Disse Jesus: "[33]Filhinhos, só por pouco tempo estarei convosco [...] [34]Eu vos dou um novo mandamento: que vos ameis uns aos outros. Assim como eu vos amei, amai-vos também uns aos outros. [35]Todos saberão que sois meus discípulos, se vos amardes uns aos outros".

Guia de leitura

No tópico anterior, ouvimos Jesus, que nos disse: "Aprendei de mim, que sou manso e humilde de coração". Há muitas coisas que temos de aprender com Jesus, mas, sem dúvida, a primeira é construir a nossa casa não de uma maneira qualquer, mas com base em um amor autêntico, estável e sólido. É por isso que agora vamos dar um passo importante ouvindo o seu chamado: "Eu vos dou um novo mandamento: que vos ameis uns aos outros. Assim como eu vos amei, amai-vos também uns aos outros". Não é possível construir um verdadeiro lar sem amor.

Abordagem do texto

1) *Um momento decisivo.* Jesus está se despedindo de seus discípulos no final da última ceia. No dia seguinte Ele será executado em uma cruz. Podemos perceber algo do que Jesus sente em sua maneira de tratar os discípulos? Podemos imaginar os sentimentos dos discípulos ao ouvirem o "testamento" de seu querido mestre? Como o ouviremos em nossa casa?

2) *Mandamento novo.* Algo de novo pode ser dito sobre o amor? Onde está a novidade das palavras de Jesus?

3) *Um estilo inconfundível de amar.* Do que podemos saber sobre Jesus e a partir da nossa experiência pessoal, que traços destacaríamos no estilo de amar de Jesus? Será que podemos intuir o que Jesus pode trazer para a nossa casa se nos inspirarmos nele?

4) *O sinal de identidade dos seguidores de Jesus.* Como são conhecidos hoje aqueles que são cristãos? Existem diferenças importantes entre casais cristãos e não cristãos? Com que características identificamos hoje um autêntico lar cristão?

Comentário

Nós, cristãos, temos falado muito sobre amor. No entanto, nem sempre conseguimos dar ao amor o seu verdadeiro conteúdo, aquele baseado no espírito e nas atitudes concretas de Jesus. É comum entre nós amarmos muito aqueles que nos apreciam e nos amam muito. Amamos pouco aqueles que não se interessam por nós e vivemos indiferentes em relação àqueles que sentimos como estranhos e alheios ao nosso pequeno mundo de interesses. O que podemos aprender com Jesus?

Jesus se despede dos seus discípulos depois de ter jantado com eles pela última vez. Dentro de muito pouco tempo já não o terão mais com eles. Jesus lhes fala com uma ternura especial: "Filhinhos, só por pouco tempo estarei convosco". O grupo de discípulos era pequeno e frágil. Tinha acabado de nascer. Os discípulos ainda eram como crianças pequenas. Era assim que Jesus os via. O que será deles quando ficarem sem o Mestre?

Jesus deixa-lhes como herança algo muito especial: "Eu vos dou um novo mandamento: que vos ameis uns aos outros. Assim como eu vos amei, amai-vos também uns aos outros". Se eles se amam com o mesmo amor com que Jesus os amou, não deixarão de senti-lo vivo no meio deles. O amor que receberam de Jesus continuará se espalhando entre os seus.

Por isso Jesus acrescenta: "Todos saberão que sois meus discípulos, se vos amardes uns aos outros". O que tornará possível descobrir se uma comunidade cristã realmente pertence a Jesus não será que ela confesse certas doutrinas religiosas, que pratique certos ritos ou que cumpra certas regras. Serão reconhecidos como discípulos de Jesus na medida em que estiverem aprendendo a viver com o mesmo estilo de amor que Jesus teve, o mesmo espírito.

O mesmo deve ser dito sobre nossas casas. O verdadeiro sinal de que pertencemos a Jesus não se deve ao fato de termos casado na igreja, de termos batizados os nossos filhos ou de irmos à missa aos domingos. Teremos fracassos e cometeremos erros, mas o verdadeiro sinal de que somos seus seguidores pode ser visto no fato de estarmos aprendendo a amar uns aos outros como Ele nos amou. Esse é o sinal de que somos seus discípulos.

* * *

O estilo de amar de Jesus é inconfundível. A primeira coisa que se observa em Jesus é que Ele não se aproxima das pessoas buscando o seu próprio interesse, sua satisfação, seu prestígio, sua segurança... Ele só pensa em fazer o bem, acolher, dar o melhor que tem, oferecer a sua amizade, ajudar a viver... Assim Ele foi recordado nas primeiras comunidades cristãs: "Passou a vida fazendo o bem".

Existe outra característica inconfundível em Jesus. Ele é sensível ao sofrimento das pessoas. Não é indiferente por alguém que está doente, sozinho, indefeso... Ele vivia aliviando o sofrimento de todos aqueles que encontrava ao longo do caminho. Os Evangelhos recordam em várias ocasiões que Jesus captava com os olhos o sofrimento do povo e "se comovia" (literalmente, "as entranhas estremeciam"). Ele prestava atenção nos desanimados, angustiados por dívidas, doentes, desnutridos, perdidos, como ovelhas sem pastor... Rapidamente começava a curar os mais doentes ou a encorajá-los com a sua palavra.

É por isso que o seu estilo de amar tem um caráter de serviço. Jesus se coloca a serviço daqueles que mais precisam dele. Ele abre espaço em seu coração e em sua vida para aqueles que não têm espaço na sociedade ou no coração das pessoas. Ele defende os fracos e pequenos, aqueles que não têm poder para se defenderem sozinhos. Ele se aproxima daqueles que estão sozinhos e desamparados, daqueles que não conhecem a amizade de ninguém.

Na raiz desse amor de serviço de Jesus, está uma atitude de disponibilidade. Estar atento a qualquer chamado, disposto a fazer o que puder. A um mendigo cego que lhe implora compaixão enquanto caminha, Ele o acolhe com estas palavras: "O que queres que te faça?" (Marcos 10,51).

* * *

Jesus, assim como nós, sentiu que não poderia resolver os sofrimentos, os abusos e as injustiças que estavam acontecendo na Galileia. Por isso, movido pelo seu amor, Ele viveu semeando gestos de bondade. Aqui estão apenas alguns exemplos:

Ele abraça as crianças de rua. Por quê? Porque Ele não quer que os seres mais frágeis daquela sociedade vivam como órfãos quando podem ter Deus como Pai. Abençoa os doentes. Por quê? Para não se sentirem "amaldiçoados por Deus" por não poderem receber a bênção dos sacerdotes do Templo. Ele acaricia a pele dos leprosos para que ninguém os exclua da convivência. Ele cura, quebrando a regra do sábado, para que todos possam saber que nem mesmo a lei mais sagrada está acima do dever de cuidar daqueles que sofrem. Ele acolhe os indesejáveis e come com pecadores e prostitutas, porque, quando se trata de praticar a misericórdia, o pecador e o indigno têm tanto direito quanto o justo e o piedoso de serem acolhidos com amor.

Sugestões para o diálogo e engajamento

1) Pensamos sobre as seguintes questões e depois compartilhamos as nossas reflexões:

• Como as pessoas podem ver que em nossa casa somos discípulos de Jesus?

• Em que momentos e situações não sabemos buscar o bem do outro? Podemos especificar fatos e situações em que poderíamos melhorar esse aspecto em nosso relacionamento de casal?

• Sabemos estar atentos aos nossos filhos para intuir os seus maus momentos, os seus problemas, a sua solidão? Poderíamos melhorar essa atenção movidos pelo nosso amor por eles?

• Sabemos como ganhar a sua confiança para os ajudar discretamente nos momentos em que precisam da nossa proximidade e apoio?

• Sabemos olhar para além da nossa família para ajudar as pessoas necessitadas, colaborando em campanhas, em atividades da Caritas, Telefone da Esperança, doadores de sangue... e outras iniciativas de caráter social?

* * *

2) Completamos as seguintes frases e as compartilhamos em casal:

• Fico sinceramente feliz quando vejo que você...

• Eu sei o quanto você gosta...

• Eu gostaria de poder lhe oferecer...

• Eu quero que você saiba que me faz muito bem quando...

* * *

3) Refletimos sobre as seguintes questões para diálogo em casal:

• Já parei para pensar em como eu poderia fazer mais pelo bem do meu parceiro e dos meus filhos?

• Vivo em casa em uma atitude de ajuda, pronto a estender a mão para o que for necessário?

• Como podemos nós, os pais, conseguir uma maior colaboração para buscar sempre o que é melhor para todos?

Sugestões para oração

Sentados confortavelmente, nos reunimos em silêncio para ouvirmos juntos estas palavras que Jesus dirige a nós. Um dos dois lê lentamente e em voz alta: "Eu vos dou um novo mandamento: que vos ameis uns aos outros. Assim como eu vos amei, amai-vos também uns aos outros. Todos saberão que sois meus discípulos, se vos amardes uns aos outros". Permanecemos em silêncio gravando as palavras de Jesus em nosso coração. Para finalizar, damos graças a Jesus, porque nos sentimos amados por Ele; e pedimos-lhe luz para aprendermos a nos amar melhor.

* * *

• Podemos rezar lentamente esta oração juntos. Primeiro em silêncio e depois em voz alta.

> Jesus, paz dos nossos corações,
> O teu Evangelho vem nos abrir os olhos
> Para a plenitude do teu amor,
> Que é perdão
> E luz interior.
>
> *Ir. Roger de Taizé*

* * *

• Tiramos um tempo para descansar. Reunimo-nos em silêncio e meditamos sobre esta oração. Para terminar, a pronunciamos juntos lentamente e em voz alta:

> Despertai, Senhor, os nossos corações,
> Que adormeceram em coisas triviais
> E já não têm força para amar apaixonadamente.
> Despertai, Senhor, a nossa ilusão,
> Que foi apagada com pobres ilusões
> E já não tem motivos para ter esperança.
> Despertai, Senhor, a nossa sede de ti,
> Porque bebemos água com sabor amargo
> Que não satisfaz os nossos anseios diários.

Florentino Ulibarri

* * *

Deus se aproxima de nós procurando a fenda que o homem mantém aberta para aquilo que é verdadeiro, bom, belo e humano (Josep Maria Rovira, teólogo).

5

NÃO JULGUEIS NEM CONDENEIS.

PERDOAI

Lucas 6,36-38

[36]Sede misericordiosos como vosso Pai é misericordioso. Não julgueis. [37]Não julgueis e não sereis julgados; não condeneis e não sereis condenados; perdoai e sereis perdoados. [38]Dai, e vos será dado: uma medida boa, socada, sacudida, transbordante vos será colocada nos braços. Pois a medida com que medirdes será usada para medir-vos.

Guia de leitura

No tópico anterior ouvimos o chamado de Jesus para nos amarmos como Ele nos amou. "Amor" é uma palavra muito bonita, mas se realmente queremos nos amar na convivência do lar, precisamos tornar mais sólidas algumas das suas exigências. Em termos concretos, veremos que "amar" significa não julgar ou condenar levianamente a pessoa que amamos; saber perdoar-lhe sinceramente quando nos ofendeu; saber amá-la com generosidade.

Abordagem do texto

1) Um princípio fundamental de ação. De acordo com Jesus, a "misericórdia do Pai" deve ser o nosso grande princípio de ação. "Sede misericordiosos como vosso Pai é misericordioso." Como entendemos isso na vida cotidiana de nossa casa? Achamos importante levar isso em consideração em nossos relacionamentos?

2) Duas advertências negativas. "Não julgueis", "não condeneis". Poderíamos viver em nossa casa sem nos julgarmos e condenarmos tanto? Poderia nos fazer bem ouvir Jesus nestes momentos?

3) Dois convites positivos. "Perdoai", "amai generosamente". Precisamos aprender a perdoar uns aos outros pelos nossos defeitos e falhas? Precisamos superar ressentimentos e pequenas vinganças? Podemos nos entregar uns aos outros com mais generosidade?

Comentário

A primeira coisa que devemos gravar em nós mesmos é que Jesus capta e vive a realidade insondável de Deus como um mistério de misericórdia. O que define Deus não é o poder, a força ou a astúcia, como no caso das divindades pagãs do Império Romano. Por outro lado, Jesus nunca fala de um Deus indiferente ou distante, alheio aos problemas de suas criaturas. Menos ainda de um Deus interessado apenas em sua honra, nos seus interesses, no seu Templo ou no seu sábado. No centro de sua experiência de Deus não encontramos um "legislador" que tenta governar o mundo por meio de leis, nem um Deus "justiceiro", irritado ou zangado com o pecado de seus filhos.

De acordo com Jesus, Deus é "misericordioso", "compassivo". Quando Jesus falava de Deus em sua língua materna, chamava-o de *rahum* – literalmente, "entranhável", ou seja, Deus tem *rahamim* (entranhas de mulher). Provavelmente na origem desta linguagem de Jesus está a imagem de Deus como um "querido Pai" – *Abbá* – que tem entranhas de mãe. Essa é a imagem preferida de Deus.

Esta é a Boa-nova de Deus proclamada por Jesus. O mistério supremo da realidade que nós crentes chamamos de "Deus" é um mistério de misericórdia insondável, bondade sem limites, uma oferta contínua de perdão. Em Deus, a misericórdia não é uma atividade entre outras, mas todo o seu ser consiste em ser misericordioso para com as suas criaturas. Dele só brota o amor misericordioso. A misericórdia é o ser de Deus, a sua reação às suas criaturas, a forma de olhar para os seus filhos, o que move e dirige todas as suas ações.

* * *

"Sede misericordiosos como vosso Pai é misericordioso." Na tradição bíblica do Antigo Testamento, a imitação de Deus foi

formulada desta forma no Livro do Levítico: "Sede santos, porque eu, o SENHOR vosso Deus, sou santo" (Levítico 19,2). No entanto, Jesus, com surpreendentes lucidez e audácia, introduziu para sempre na história um novo princípio que transforma tudo. "Sede misericordiosos como vosso Pai é misericordioso". É a misericórdia, e não a santidade, o princípio que deve inspirar a conduta humana. Deus é grande e santo não porque rejeita os pagãos, pecadores ou impuros de seu amor, mas porque ama a todos sem excluir ninguém da sua misericórdia. Deus não é propriedade dos bons. O seu amor misericordioso está aberto a todos.

Como seguidores de Jesus, devemos gravar a fogo as palavras dele em nossos corações: "sede misericordiosos como vosso Pai é misericordioso". Essas palavras não são propriamente uma lei ou um preceito. Trata-se de "reproduzir" na terra a misericórdia do Pai do céu. Esse apelo à misericórdia é a chave do Evangelho, a grande herança de Jesus para a humanidade. A única forma de construir um mundo mais justo e fraterno e uma Igreja mais humana e confiável. Se quisermos acolher Jesus em nossa casa, devemos assumir com alegria esse grande princípio de ação.

* * *

Segundo Lucas, a partir desse grande princípio de ação, Jesus extrai algumas consequências práticas. Em primeiro lugar, duas proibições ou advertências negativas. Depois, dois comandos ou advertências positivas. Veremos cada um deles, destacando sobretudo o mandamento de perdoar, que é de vital importância para a convivência no lar.

"Não julgueis e não sereis julgados." Se tratarmos as pessoas com misericórdia, nunca nos tornaremos juízes dos outros para ver se merecem ou não o nosso amor, se são dignos ou não da nossa misericórdia. Devemos respeitar todos. O clima de nossas casas não mudaria se eliminássemos preconceitos, desconfianças, críticas e suspeitas?

"Não condeneis e não sereis condenados." Às vezes damos um passo além. Não apenas julgamos as pessoas, como também as declaramos culpadas. Todos sabemos o quanto prejudicamos uns aos outros na convivência do lar quando enveredamos pelo caminho das condenações mútuas, acusações, rejeições e até palavras ofensivas uns aos outros. É por isso que Jesus indica dois caminhos para superar esse obstáculo ao amor mútuo sincero: perdoar e dar.

"Perdoai e sereis perdoados." Jesus fala muitas vezes de perdão, até mesmo de perdão ao inimigo. Mas, um dia, Pedro, que conhece a mensagem de Jesus, faz-lhe uma pergunta mais prática para todo o grupo de discípulos, em que não faltam brigas e conflitos: "Senhor, quantas vezes devo perdoar ao irmão que pecar contra mim? Até sete vezes?". Pedro é muito generoso. Ele parece disposto a perdoar "sete vezes", isto é, muitas vezes, mas será que não existe um limite? A resposta de Jesus é contundente: "Não te digo até sete vezes, mas setenta e sete vezes".

185

Não se trata de uma questão de quantidade. Quem vive com base na misericórdia do Pai perdoa sempre, a todo momento, incondicionalmente. Vive perdoando.

Jesus sabe que o desejo de vingança é a resposta mais instintiva àquele que nos ofendeu. Mas Ele nos convida a perdoar uns aos outros porque sabe que o perdão é a maneira mais saudável de afastar o sofrimento e o mal da convivência humana. Por vezes nos esquecemos de que o perdão faz mais bem àquele que perdoa, porque o liberta do ressentimento, o faz crescer em dignidade e nobreza e lhe dá forças para reconstruir novamente a convivência.

Nem sempre é fácil perdoar, pois a pessoa pode se sentir muito magoada, humilhada e maltratada. É por isso que é importante que nos ajudemos, que peçamos desculpas uns aos outros, que consigamos dar o primeiro passo, que aliviemos a tensão, que recuperemos a paz o mais rápido possível e busquemos a reconciliação.

"Dai, e vos será dado." Para reforçar o seu convite ao perdão, Jesus nos convida a viver com generosidade. É isso que exprime o verbo "dar". As palavras de Jesus nos convidam a não viver de maneira egoísta e interessada, mas de maneira generosa, pensando no bem do outro, buscando o que pode ser melhor para a convivência. Não sejamos avarentos e mesquinhos. Que saibamos amar "sem medo". Deus não será superado em generosidade conosco.

Sugestões para o diálogo e engajamento

1) Pensamos em silêncio sobre as seguintes questões e depois compartilhamos as nossas reflexões em casal:

- Normalmente, o que mais estraga e dificulta a nossa convivência harmoniosa como casal? Cada um traz a sua experiência.

- Achamos importante parar e conversar para esclarecer críticas e acusações mútuas? Quando o fazemos?

- Falamos de vez em quando de forma serena e calma? Como podemos facilitar e melhorar esse diálogo?

* * *

2) Completamos as seguintes frases. Em seguida as compartilhamos em casal:

- O que eu acho mais difícil de perdoar é...

- Depois de te perdoar mais uma vez eu sinto...

- O melhor de nos perdoarmos é que...

* * *

3) Refletimos sobre o perdão em nossa vida de casal e depois compartilhamos juntos:

• Você acha que pode tirar proveito de brigas e disputas conjugais? O que é mais importante para superar um momento ruim?

• Você acha que o perdão e a reconciliação mútua são necessários para a vida de um casal? Que medidas podem ser tomadas quando houve um grande distanciamento?

• Você acha que pode ser bom pedir ajuda a um amigo de sua confiança em certos momentos de crise ou tensão conjugal?

• Você acha que a fé em um Deus misericordioso que sempre nos perdoa pode ajudá-lo a viver mais generosamente o amor pelo seu parceiro? Como?

* * *

4) A partir da sua experiência, que significado as seguintes frases realmente têm para você?

• Perdoar é olhar para o futuro sem guardar lembranças ou ressentimentos do passado.

• Perdoar não é esquecer, é recordar sem dor e sem amargura.

• "Aquele que é incapaz de perdoar é incapaz de amar" (Martin Luther King).

Sugestões para oração

• Lemos em silêncio as palavras de Jesus: "sede misericordiosos como vosso Pai é misericordioso [...] não julgueis nem condeneis [...] Perdoai e sereis perdoados". Em silêncio, damos graças a Deus porque Ele nos perdoa sempre. Pedimos a Jesus que nos ensine a amar uns aos outros melhor e mais verdadeiramente. Juntos dizemos em voz alta: "Bom Pai, dá-nos a tua luz, a tua força e a tua ternura para aprendermos a perdoar sempre que precisarmos". Damos um grande abraço de paz e reconciliação.

* * *

• Em silêncio, nós dois lemos, meditamos e gravamos esta oração em nossos corações. Depois de um tempo apropriado, nós dois pronunciamos juntos em voz alta:

> Deus de misericórdia,
> O Evangelho nos faz compreender
> Esta boa notícia:
> Ninguém é excluído
> Nem do teu amor
> Nem do teu perdão.

> *Ir. Roger de Taizé*

* * *

• Os dois juntos pronunciam lentamente este salmo. Em seguida meditam sobre ele em silêncio. Depois de um tempo apropriado, cada um repete as palavras que melhor expressam os seus sentimentos:

Misericórdia, nosso Deus, pela tua bondade,
Pela tua imensa compaixão apaga as nossas culpas
E as dos nossos filhos,
Pois reconhecemos o nosso pecado [...]
Tu gostas de um coração sincero,
E dentro de nós incute sabedoria [...]
Faz-nos ouvir alegria e felicidade
No seio de nosso lar [...]
Ó, Deus, cria em nós um coração limpo,
Renova-nos por dentro com espírito inabalável
[...]
Devolve a esta família a alegria da tua salvação.
Dá-nos a tua paz e ensina-nos os teus caminhos.

Inspirado no Salmo 50

* * *

Quando estivermos ofendidos ou desiludidos, é possível e desejável o perdão; mas ninguém diz que seja fácil. [...] Exige, de fato, de todos e de cada um, pronta e generosa disponibilidade à compreensão, à tolerância, ao perdão, à reconciliação.

Amoris Laetitia, 106

6

QUEM RECEBER UMA CRIANÇA EM MEU NOME, É A MIM QUE RECEBE

Marcos 9,31-37

[31][Jesus] ensinava os seus discípulos, dizendo-lhes: "O Filho do homem será entregue nas mãos dos homens, e eles o matarão; mas depois de três dias Ele ressuscitará". [32]Eles, porém, não compreendiam estas palavras e tinham medo de lhe perguntar.

A grandeza está no servir. [33]Chegaram a Cafarnaum. Em casa, Jesus lhes perguntou: "O que era que discutíeis no caminho?" [34]Eles se calaram porque no caminho tinham discutido quem seria o maior. [35]Então Jesus sentou-se, chamou os Doze e lhes disse: "Se alguém quer ser o primeiro, seja o último e o servo de todos". [36]Depois pegou uma criança, colocou-a no meio deles e, abraçando-a, disse-lhes: [37]"Quem receber uma destas crianças em meu nome, é a mim que recebe; e quem me recebe, não é a mim que recebe, mas aquele que me enviou".

Guia de leitura

No tópico anterior ouvimos o apelo de Jesus para cuidar de alguns aspectos do amor de casal a fim de o tornar mais autêntico e gratificante. Mas em casa também estão as crianças. Como melhorar a convivência entre todos? Como podemos nos relacionar de maneira mais saudável e gentil? Como tratar especialmente os membros menores e mais fracos da família? Deixemos Jesus entrar em nossa casa e continuemos a aprender a viver escutando as suas palavras.

Abordagem do texto

1) A viagem a Jerusalém. Jesus está subindo com seus discípulos a Jerusalém, consciente do destino que o espera. Ele quer se sentir acompanhado e compreendido pelos seus discípulos mais próximos: O que quer comunicar-lhes?

2) Incompreensão dos discípulos. Por que eles não compreendem o que Jesus diz? Por que eles têm medo de lhe fazer perguntas? O que eles sentem é medo ou vergonha?

3) Onde está o verdadeiro interesse dos discípulos? O que eles buscam ao seguir Jesus? Aprender a viver como Ele? Aproveitar da sua fama para garantir um futuro de mais prestígio, renome e poder?

4) O que significa ser importante? Para nós, quem é o mais importante dentro de um grupo social? Quem é o mais importante na família? Para Jesus, quem é o mais importante em um grupo humano? Será que sabemos hoje em dia compreender a grandeza que existe em uma pessoa que vive "servindo" e buscando o bem dos outros?

5) *Um gesto estranho de Jesus.* A história descreve em detalhes um gesto estranho de Jesus com uma criança: Podemos intuir o significado mais profundo do que Ele faz diante dos seus discípulos?

6) *A acolhida dos pequenos.* Quem deve estar no centro de um grupo de seguidores de Jesus? Se deixarmos Jesus entrar em nossa casa, quem deve estar no centro de nossa atenção e cuidado na família?

Comentário

Jesus atravessa a Galileia, acompanhado por seus discípulos, a caminho de Jerusalém. De acordo com o relato de Marcos, Jesus insiste três vezes no destino que o espera. A sua dedicação ao projeto de Deus não terminará com o sucesso triunfante que os seus discípulos imaginam. No final haverá "ressureição", mas antes Jesus "será crucificado". Jesus quer que os seus seguidores saibam: o seu caminho não é um caminho de glória, sucesso e poder. Pode levar à crucificação e rejeição, embora termine em "ressureição".

Os discípulos não compreendem o que Jesus lhes diz. Eles não querem pensar na cruz. Isso não está nos seus planos ou expectativas. Eles seguem pensando que Jesus lhes trará glória, poder e renome. Eles não pensam em mais nada. Quando chegam a sua casa em Cafarnaum, Jesus faz-lhes uma pergunta: "O que era que discutíeis no caminho?" Sobre o que eles falaram pelas costas naquela conversa da qual Jesus estava ausente.

Os discípulos ficam em silêncio. Eles têm vergonha de dizer a verdade. Enquanto Jesus lhes falava sobre a fidelidade ao projeto do Pai e da dedicação até a morte, eles discutiam sobre quem seria o mais importante do grupo. Eles ainda não acreditam no mundo mais justo e fraterno que Jesus procura. Na realidade, eles são movidos pela ambição e vaidade: ser mais importantes do que os outros.

* * *

Jesus "sentou-se". Ele queria ensinar-lhes algo que nunca deveriam esquecer. Ele chama os Doze, aqueles que estão mais estreitamente associados à sua missão, e os convida a se aproximarem, pois os vê muito longe do seu projeto. Para seguirem os seus passos, eles têm de aprender duas atitudes fundamentais.

Primeira atitude. "Se alguém quer ser o primeiro, seja o último e o servo de todos." O verdadeiro discípulo de Jesus deve renunciar às ambições e vaidades. Ninguém em seu grupo deve pretender estar acima dos outros. Pelo contrário, deve saber ocupar o último lugar, para se colocar no mesmo nível dos mais fracos e necessitados. E, a partir daí, ser como Jesus: viver servindo a todos e buscando o bem de todos.

Pessoas de prestígio, autoconfiantes, que alcançaram sucesso em algum campo da vida, que conseguiram se destacar e ser socialmente reconhecidas nos parecem "importantes":

líderes políticos, grandes pesquisadores, atletas excepcionais... Quem pode ser mais importante do que eles?

Pois bem, de acordo com os critérios de Jesus, as pessoas com rostos desconhecidos que vivem no anonimato, mas que estão sempre ao serviço altruísta dos outros, são simplesmente mais importantes. Segundo Ele, existe uma grandeza na vida dessas pessoas que não sabem ser felizes sem fazer os outros felizes. As suas vidas são um mistério de dedicação e desinteresse. Agem movidas por sua bondade. Elas não vivem apenas para trabalhar, ganhar dinheiro ou se divertirem. Há mais em suas vidas. Quando encontram alguém necessitado no caminho, ouvem em seus corações um chamado que as convida a agir, servir e ajudar.

Se deixarmos Jesus entrar em nossa casa, teremos de nos perguntar quem é o mais importante da família: O pai, que contribui com mais dinheiro? A filha, que começa a ser reconhecida por sua brilhante carreira? O filho atleta, que já aparece na mídia? Devemos sempre valorizar a contribuição de cada um, mas todos devemos nos sentir chamados a servir os outros, para buscar desinteressadamente o melhor para todos, especialmente para os mais fracos e vulneráveis.

* * *

Segunda atitude. Nesta linhagem, Jesus insistirá em um segundo ensinamento. É tão importante que Ele o ilustra com um gesto simbólico encantador. Ele pega uma criança e a coloca no meio de seus discípulos, no centro do grupo, para que aqueles homens ambiciosos esqueçam da grandeza e olhem para os pequenos, os fracos, os mais necessitados de apoio, defesa e cuidado.

Depois Ele a abraça para que se identificasse com Ele e diz-lhes: "Quem receber uma destas crianças em meu nome, é a mim que recebe; e quem me recebe, não é a mim que recebe, mas aquele que me enviou". Com essas palavras, Jesus convida os seus seguidores, se quiserem ser fiéis a Ele, a aprender a acolher, defender e cuidar dos pequenos: os mais fracos e vulneráveis, os mais necessitados e esquecidos.

Devemos ouvir esse chamado de maneira especial nos lares cristãos de hoje. A crise na família, a instabilidade dos casais e o aumento dos divórcios estão causando efeitos dolorosos em muitas crianças. Crianças mal-amadas, privadas do carinho e da atenção de que necessitam, pequenos com um olhar apagado ou espírito perturbado que se defendem como podem.

Por outro lado, o bem-estar material pode sutilmente ocultar a "solidão" de algumas crianças. Crianças cheias de coisas, que recebem tudo o que querem dos seus pais, mas não a atenção, o carinho e o cuidado de que necessitam para se abrirem à vida de maneira saudável e confiante. Acolher Jesus em nossa casa pode nos fazer muito bem nos dias de hoje.

Sugestões para o diálogo e engajamento

1) Pensamos em silêncio sobre as seguintes questões e depois compartilhamos juntos a nossa reflexão:

• Vivo pensando no bem de toda a família ou às vezes me fecho naquilo que me interessa?

• Vivo em uma atitude de serviço em relação a todos, sempre pronto a estender a mão no que for necessário?

• Em quais momentos e situações eu posso contribuir mais para o bem de todos sem me fazer de desentendido e olhar para o outro lado?

* * *

2) Completar as seguintes frases e depois compartilhar em casal:

• A melhor coisa que estamos dando aos nossos filhos é...

• Talvez os estejamos magoando com...

• Poderíamos fazer-lhes muito bem se...

* * *

3) Pensamos sobre o nosso acolhimento e cuidado em relação aos nossos filhos e depois compartilhamos as nossas reflexões em casal:

• Damos aos nossos filhos toda a atenção e amor que eles precisam de nós? Podemos fazer algo mais?

• Passamos algum tempo conversando a sós com nossos filhos? Acha que é suficiente? Como podemos melhorar a nossa comunicação com eles?

• A quem temos de acolher, atender e cuidar neste momento de maneira especial por que precisa mais de nós do que qualquer outra pessoa?

• Em que momentos difíceis temos de estar mais perto de nossos filhos?

* * *

4) Que significado as seguintes frases realmente têm para você?

• "Eu estou no meio de vós como quem serve" (Jesus de Nazaré).

• "Não ser amado é uma simples desventura. A verdadeira desgraça é não saber amar" (Albert Camus).

Sugestões para oração

• Escutamos em silêncio as palavras que Jesus nos dirige: "Se alguém quer ser o primeiro, seja o último e o servo de todos [...] Quem receber uma destas crianças em meu nome, é a mim que recebe". Meditamos sobre elas e as gravamos dentro de nós: Que sentimentos elas despertam em mim? Que mudanças eu devo fazer na minha vida para buscar o bem de toda a minha família? O que esses meus filhos que eu amo tanto precisam de mim? Pedimos a Jesus que nos dê a sua luz e a sua força.

* * *

• Nós dois lemos e meditamos sobre esta oração em silêncio. Depois de um tempo oportuno, lentamente dizemos em voz alta:

> Cristo Jesus,
> pelo teu Evangelho descobrimos
> que a misericórdia
> é que conta acima de tudo.
> Por isso, concede-nos um coração
> Cheio de bondade.
>
> *Ir. Roger de Taizé*

* * *

• Em silêncio meditamos sobre esta oração. Então, depois de um tempo adequado, cada um lê em voz alta alguns dos versos que mais tocaram o coração:

> *Quero estar só contigo*
> Quero parar os meus passos
> E acalmar o ritmo acelerado da minha vida,
> Para contemplar tudo o que me deste.
> Quero ficar quieto por um momento

E silenciar o turbilhão das minhas ideias e
sentimentos,
Para estar diante de ti com todos os meus sentidos,
Atentamente.
Quero esvaziar a minha casa
E me livrar de tudo o que me prendeu,
Para lhe oferecer estadia
Dignamente.
Quero sentir a tua respiração
Dando-me paz, vida e sentido
Para viver este momento contigo
Positivamente.

Florentino Ulibarri

* * *

Quando te afastas do fogo, o fogo
Ainda está quente, mas tu esfrias.
Quando te afastas da luz, a luz
Ainda brilha, mas tu estás coberto de sombras.
O mesmo acontece quando tu te afastas de Deus.

Agostinho, bispo de Hipona

7

PODE UM CEGO GUIAR OUTRO CEGO?

Lucas 6,39.41-42

[39]Contou-lhes também uma parábola: "Pode um cego guiar outro cego? Não cairão ambos no buraco?

[41]Por que olhas o cisco no olho do teu irmão e não vês a trave no teu? [42]Como podes dizer ao teu irmão: 'Irmão, deixa-me tirar o cisco do teu olho', quando tu não vês a trave que há no teu? Hipócrita! Retira primeiro a trave do teu olho, e então enxergarás bem para tirar o cisco do olho do teu irmão".

Guia de leitura

No tópico anterior ouvimos o chamado de Jesus para vivermos em casa uma atitude de serviço em relação a todos, de maneira especial para com os pequenos e necessitados. Sem dúvida, o melhor serviço e o maior presente que os pais podem dar aos seus filhos é educá-los e orientá-los para uma vida saudável, digna e feliz. Não é apenas um serviço, mas uma responsabilidade para com os pequenos que estão se abrindo para a vida. O que podemos aprender com Jesus?

Abordagem do texto

1) O exemplo do guia cego. Como você compreende esse ditado que Jesus dá como exemplo aos seus discípulos? Em quem Jesus poderia estar pensando quando falou de "guias cegos"? Você acha que existe uma tendência frequente de pretendermos ser "mestres" dos outros sem vivermos aquilo que exigimos ou aconselhamos aos outros? Quando se trata de educar os filhos, o que é mais importante e eficaz: As palavras ou o nosso exemplo?

2) A trave no próprio olho. O que te dizem essas palavras de Jesus, carregadas de ironia, mas tão cheias de verdade? Por que tendemos a ser indulgentes e permissivos com as nossas próprias falhas e exigentes e rigorosos com os erros dos outros? Nós, adultos, não corremos o risco de julgar duramente os jovens de hoje sem reconhecer as nossas próprias deficiências? Que sentimentos nascem em nós quando pensamos em nosso desejo de educar bem os nossos filhos?

Comentário

O exemplo do guia cego é muito expressivo: "Pode um cego guiar outro cego? Não cairão ambos no buraco?" Provavelmente Jesus estava pensando nos fariseus, que se apresentavam como grandes mestres e guias religiosos do povo. Jesus chama-lhes de "guias cegos" porque, enquanto o povo simples está aberto para receber a sua mensagem, esses fariseus, que se consideram "sábios e entendidos", não se deixam ensinar por Jesus. Eles não estão abertos à mensagem de Deus que Jesus vem revelar a todos nós. Jesus não pode abrir os seus olhos. Eles estão cegos, envoltos na escuridão.

O pensamento de Jesus é claro e fácil de compreender. Para guiar um cego pelo caminho certo, o guia tem de conhecer bem o caminho. Caso contrário, se o guia também for cego, não apenas não poderá conduzir o outro pelo caminho seguro, como ambos correm o risco de cair no buraco. Podemos acolher assim esta mensagem de Jesus em nossas casas: os pais que não conhecem o sentido profundo da vida ou que não vivem à luz do Evangelho de Jesus não poderão educar os seus filhos no caminho de uma vida humana e cristã correta.

* * *

O segundo exemplo de Jesus está carregado de ironia, mas também de verdade. Antes de corrigir os defeitos e erros dos outros, devemos reconhecer e corrigir os nossos próprios defeitos e erros. Caso contrário, não conseguiremos ver claramente e agir com lucidez e verdade: como podes dizer ao teu irmão: "deixa-me tirar o cisco do teu olho", quando tu não vês a trave que há no teu? Hipócrita! Retira primeiro a trave do teu olho, e então enxergarás bem para tirar o cisco do olho do teu irmão.

Desta vez Jesus não fala de "guias cegos", mas de pessoas "hipócritas". Os seus esforços para corrigir os outros são uma farsa. São pessoas que estão cegas para as suas próprias falhas e têm uma visão distorcida das falhas dos outros. Dessa forma, não poderão corrigir nem fazer o bem a ninguém.

Mais uma vez o pensamento de Jesus é fácil de compreender. A fim de corrigir os outros e ajudá-los a viver de maneira mais digna e saudável, temos de superar a tendência que muitas vezes temos de ser indulgentes e permissivos conosco e exigentes e rigorosos com os outros. Os nossos erros e falhas nos parecem defeitos compreensíveis (ainda que sejam como traves). Os erros e fracassos dos outros nos parecem mais graves (ainda que sejam como ciscos).

Podemos acolher a mensagem de Jesus desta maneira em nossas casas: a fim de corrigir eficazmente os nossos filhos, temos de reconhecer os nossos erros e falhas, tentar corrigir a nós mesmos (remover a trave de nossos olhos). Dessa forma poderemos ver os defeitos dos nossos filhos com lucidez e poderemos nos aproximar para corrigi-los com paciência e compreensão.

* * *

Jesus é um "mestre da vida". Ele ensina a viver. Não ensina ciência: não é um pesquisador científico. Não ensina filosofia: não é um pensador. Não ensina economia... Jesus é um "mestre da vida". Ele é o filho de Deus que, a partir da sua experiência com um Pai de misericórdia, ensina como viver a vida com sentido e dignidade; convida-nos a enfrentar os desafios da vida cotidiana com lucidez e responsabilidade; chama-nos a construir um mundo sempre mais humano, justo e fraterno, e, por isso, mais feliz para todos; abre a nossa vida para uma esperança definitiva no Mistério de Deus.

Se deixarmos Jesus entrar em nossa casa, devemos compreender a educação de nossos filhos como um esforço para ensiná-los a viver à maneira de Jesus, seguindo de perto o seu exemplo e a sua mensagem. Os nossos filhos precisam hoje de "mestres da vida". É por isso que temos de nos perguntar: Quando pretendemos educar os nossos filhos, a partir de quais experiências e convicções, com quais valores e critérios, com qual espírito o faremos?

Nem todos podem ensinar a viver. Temos de nos perguntar o que estamos ensinando aos nossos filhos com a nossa vida, o que estamos transmitindo, o que eles podem perceber em nossas vidas diárias, o que estão aprendendo com a nossa maneira de viver.

• Não conseguiremos ensiná-los a viver de maneira livre e saudável se nos virem como escravos do dinheiro, do consumismo, da moda, do prazer...

• Não os ensinaremos a viver com amor pela vida se nos virem dominados pela inveja, desconfiança, egoísmo, sem saborear o amor, a amizade, a beleza.

• Não os educaremos para a paz se sofrerem com o nosso autoritarismo, nossas raivas, brigas, irritações ou mau humor.

• Não os educaremos para construir um mundo mais justo, fraterno e solidário se nos virem preocupados apenas com nossos interesses, nosso bem-estar ou nosso futuro.

• Não poderemos convidá-los a mergulhar no sentido mais profundo da vida se nos virem sem vida interior, sempre dispersos em mil coisas, aprisionados pela agitação e pressa, programados a partir do exterior.

• Não os ajudaremos a viver com um horizonte de esperança se vivermos fechados em nós mesmos, surdos a todo chamado interior, sem parar para nos comunicar com Deus, fugindo de nós mesmos, alimentando-nos sempre do superficial.

* * *

Alguns erros frequentes em nossos dias. A fim de não sermos "guias cegos" que podem conduzir os nossos filhos para uma vida infeliz, temos de evitar que algumas mensagens prejudiciais sejam gravadas neles.

• *"Se não for bem-sucedido, não vale."* Uma criança programada dessa maneira pelos seus pais terá dificuldade em viver se não for bem-sucedida. A criança será afastada da felicidade, da dignidade, da bondade... se falhar, perderá a sua autoestima e viverá ressentida.

• *"Se quiser ter sucesso, tem de valer mais do que os outros."* Com essa mensagem, estamos introduzindo em sua vida a "comparação" com os outros. Terá de ser "excelente" em tudo. Viverá a vida como uma competição. Não vai gostar do que tem. A inveja e a insatisfação estarão latentes dentro dela. Não vai gostar do que tem e do que é. Não saberá valorizar o que é gratuito: a amizade, a generosidade, a preocupação com os outros.

• *"Para ser feliz, você tem de 'ter'."* Você só será feliz se tiver coisas, dinheiro, pessoas, poder, prestígio... Uma criança programada assim conhecerá a agradável "excitação" produzida pelo dinheiro, sucesso, fama... mas não conhecerá a "alegria de viver", não saboreará a vida a partir das suas raízes.

Sugestões para o diálogo e engajamento

1) Pensamos em silêncio sobre as seguintes questões e depois compartilhamos a nossa reflexão:

• Será que damos importância à educação dos nossos filhos ou a negligenciamos, deixando-a totalmente nas mãos de outros (escola, catequese, universidade...)? Conversamos um com o outro sobre como cuidar da educação deles?

• Sabemos exigir de nós mesmos o que exigimos de nossos filhos? Em que aspectos podemos estar dando mau exemplo?

• Sabemos estimular positivamente as qualidades e valores dos nossos filhos ou nos dedicamos apenas a corrigi-los e repreendê-los?

* * *

2) Pensamos sobre estas questões e compartilhamos juntos a nossa reflexão:

• Alguma vez consideramos seriamente que a nossa principal tarefa como educadores é ensinar os nossos filhos a viverem de maneira saudável, digna, responsável e feliz? Quando pode ser o melhor momento?

• Poderíamos dedicar mais tempo e atenção aos nossos filhos para ajudá-los a crescer de maneira saudável em todas as dimensões da pessoa (corpo, interioridade, relações, solidariedade, comunicação com Deus, preocupação por aqueles que sofrem)?

• Concordamos em ajudar juntos aquele filho específico em momentos difíceis, quando ele precisa de uma ajuda especial?

* * *

3) Refletimos juntos sobre as mensagens que estamos incutindo em nossos filhos e que podem prejudicá-los no futuro. Poderíamos nos dar uma nota: boa, regular, ruim.

- Se não for bem-sucedido, não vale...

- Se quiser ter sucesso, tem de valer mais do que os outros.

- Para ser feliz é preciso ter coisas, dinheiro, poder, bem-estar.

- Qual pode ser neste momento o nosso maior erro na educação de nossos filhos?

* * *

4) Vamos fazer um exercício simples que pode melhorar a nossa tarefa educativa em casa. Pensamos em cada um dos nossos filhos. Podemos ter uma fotografia recente à nossa frente. Fazemo-nos as seguintes perguntas:

- Quais são as suas melhores qualidades e características mais valiosas? Como podemos estimulá-lo?

- Quais são os seus defeitos e características mais negativas? Como podemos corrigir isso?

- Como podemos ajudá-lo a crescer cada vez melhor neste momento da sua vida?

Sugestões para oração

- Ouvimos em silêncio as palavras de Jesus: "Pode um cego guiar outro cego? Não cairão ambos no buraco?" Depois rezamos em silêncio ou em voz alta seguindo as sugestões de maneira pessoal e criativa: "Agradecemos-te, Senhor, por nossos filhos, cada um deles, exatamente como são, com as suas qualidades e seus defeitos... dá-nos luz para ensiná-los a viver de acordo com a tua vontade... dá-nos paciência, tato e discrição para que sintam nossa proximidade e carinho... Senhor, olha com bondade para esses pais que desejam receber-te em sua casa".

* * *

Oração pelos filhos
Senhor, te agradecemos por nos teres dado estes filhos,
Fonte do nosso amor e da tua vontade,
E que tu sempre conheceste e amaste tão bem.
Eles são para nós uma grande alegria
E o melhor tesouro.
As preocupações, trabalhos e sacrifícios
Que eles nos trazem todos os dias
Aceitamos com serenidade.
Ajuda-nos a amá-los sinceramente,
A respeitá-los em sua dignidade,
A corrigi-los para que sejam de acordo com a tua vontade,
A conduzi-los à felicidade,
A acompanhá-los para que façam o seu próprio caminho,
Embora às vezes seja difícil compreendê-los,
E a ser como eles querem e precisam que sejamos.
Dá-nos sabedoria para guiá-los,
Paciência para instruí-los,
Serenidade para ouvi-los,

Ternura para compreendê-los,
Persuasão para habituá-los ao bem
Com o nosso exemplo,
Força para não desistirmos de nossa tarefa,
Alegria para surpreendê-los
E vida para compartilhar com eles.

Florentino Ulibarri

* * *

• Nós dois nos reunimos em silêncio. Permanecemos um tempo meditando sobre esta oração:

Aqui estou
Aqui estou, Pai,
Aprendendo a viver em tua casa
E a deixar que a tua mensagem me silencie.
Conta comigo!
Eu não sou muito,
Nem valho muito,
Nem tenho muito.
Sou um simples servo teu.
Aqui estou, Pai.
Quero aprender a viver na tua casa.
Mas aumenta a minha fé, que é muito fraca;
E o meu amor por todos,
Que ainda é torpe;
E a minha esperança infantil,
Com tantas promessas...
Cuida, corrige e eleva
Aqui estou, Pai.

Florentino Ulibarri

8

AS BEM-AVENTURANÇAS

Mateus 5,1-10

¹Ao ver aquela multidão de povo, Jesus subiu ao monte. Quando se sentou, os discípulos se aproximaram dele. ²Tomou a palavra e começou a ensinar: ³"Felizes os que têm espírito de pobre, porque deles é o Reino dos céus. ⁴Felizes os que choram, porque serão consolados. ⁵Felizes os mansos, porque possuirão a terra. ⁶Felizes os que têm fome e sede de justiça, porque serão saciados. ⁷Felizes os misericordiosos, porque alcançarão misericórdia. ⁸Felizes os puros de coração, porque verão a Deus. ⁹Felizes os que promovem a paz, porque serão chamados filhos de Deus. ¹⁰Felizes os perseguidos por causa da justiça, porque deles é o Reino dos céus".

Guia de leitura

No tópico anterior aprendemos com Jesus como educar nossos filhos, ensinando-os a viver de maneira mais saudável, digna e fraterna, e, por isso, mais feliz. Mas não devemos esquecer de que, para aqueles de nós que querem ser discípulos de Jesus, o único e verdadeiro "mestre da vida" é Ele. É por isso que agora vamos deixá-lo ajudar-nos a entender melhor o que significa viver de maneira saudável, digna e fraterna, saboreando não apenas a felicidade mais saudável que pode existir nesta terra, mas também a esperar, a partir de agora, desfrutar um dia da felicidade plena e definitiva no Mistério de Deus, nosso Pai.

Abordagem do texto

1) Um ensinamento muito especial. Contrariamente ao seu costume, o próprio Jesus prepara o contexto de seu ensinamento: "subiu ao monte", "sentou-se"... Há ali uma multidão, mas quem se aproxima dele para ouvi-lo melhor? Por quê?

2) As bem-aventuranças. O que são para você as bem-aventuranças? Um ideal impossível de viver? Uma utopia que pode ao menos nos convidar a viver de maneira mais lúcida? Um estilo de vida provocador e contracultural que ainda hoje nos faz pensar?

3) As mais atrativas. Lemos lentamente as bem-aventuranças e selecionamos as que mais nos agradam, explicando o porquê.

4) As mais difíceis de compreender. Agora selecionamos aquelas que achamos mais difíceis de aceitar ou mais difíceis de compreender.

5) É possível vivê-las hoje? Que reação as bem-aventuranças podem encontrar na sociedade atual: rejeição, soarem como uma mensagem ridícula, um abalo na nossa consciência, uma atração inevitável?

6) *Questionamentos que podem surgir em nós.* Essas bem-aventuranças nos apresentam uma visão mais nobre e saudável da vida? Convidam-nos a viver de maneira mais crítica e contracultural? É possível compreender as bem-aventuranças sem ter ao menos a experiência de ter vivido alguma delas?

Comentário

Não é difícil traçar o perfil ou o modelo de felicidade da sociedade que Jesus conheceu. De acordo com os especialistas, esse modelo seria o de um homem adulto de boa saúde, casado com uma mulher honesta e fértil, com filhos e terras ricas ou numerosos rebanhos, observador da Lei e respeitado por todos. O que mais se poderia pedir?

Certamente não era esse o ideal que animava Jesus. Sem mulher nem filhos, sem terras nem posses, vagueando pela Galileia como um errante sem teto seguro, sua vida não correspondia a nenhum tipo de felicidade convencional. Ele parecia feliz, mas a sua vida era provocativa e contracultural. Na realidade, Ele não pensava muito sobre a própria felicidade. Em vez disso, a sua vida girava em torno de um projeto que o entusiasmava e o fazia sentir tudo intensamente. Ao que parece, Ele ficava feliz quando podia fazer os outros felizes. Ele não buscava o próprio interesse. Ele viveu criando novas condições de felicidade para todos. Ele propôs novos critérios de ação para todos, ideais mais nobres e radicais a fim de dar passos em direção a um mundo mais digno e feliz.

Ele acreditava em um Deus criador que olha para todas as suas criaturas com profundo amor, um Pai que é amigo da vida e não da morte, mais atento ao sofrimento das pessoas do que aos seus pecados. A partir da sua fé nesse Deus, Jesus rompeu esquemas religiosos e sociais. Ele não pregou: "Bem--aventurados os ricos e poderosos, porque eles têm a bênção de Deus". Os seus gritos eram desconcertantes para todos: "Felizes os que têm espírito de pobre, porque deles é o Reino dos céus". O convite de Jesus pode ser resumido assim: "Seja feliz trabalhando de maneira fiel e paciente por um mundo feliz para todos".

* * *

O relato de Mateus nos diz que Jesus conduziu o povo para o alto de uma "montanha": símbolo caro aos judeus, que indica o lugar mais próximo de Deus, o mais propício para ouvir a sua vontade. Moisés também já havia subido ao Monte Sinai para ouvir a Lei. Ao chegar no topo, Jesus "sentou-se" como sinal de autoridade, dando assim um caráter solene ao seu ensinamento. Os seus discípulos "se aproximaram", os mais dispostos a ouvir a sua mensagem. O que os seus seguidores ouvem hoje se se aproximarem da sua mensagem? O que podemos aprender com Jesus em nossas casas?

* * *

"Felizes os que têm espírito de pobre, porque deles é o Reino dos céus." Bem-aventurados aqueles que sabem viver com pouco, sem luxos nem riquezas, confiando sempre em Deus. Feliz a família que tem "espírito de pobre" e coração simples, em que a vida é compartilhada com sobriedade. Terá menos problemas. Estará mais atenta aos necessitados e viverá com mais liberdade, sem cair no consumismo. Dela é o Reino de Deus.

"Felizes os mansos, porque possuirão a terra." Bem-aventurados aqueles que vivem com um coração bom e clemente. Feliz a família em que as pessoas vivem com mansidão, sem ressentimentos nem agressividade. Será um presente em meio a um mundo em que a violência cresce. Ela herdará a Terra Prometida.

"Felizes os que choram, porque serão consolados." Bem-aventurados aqueles que padecem de injustiça, sofrimento e marginalização. Com eles um mundo melhor e mais digno pode ser criado. Feliz a família que sabe compartilhar o azar dos perdedores: chora com os que choram e sofre com os que sofrem. Ela será consolada por Deus.

"Felizes os que têm fome e sede de justiça, porque serão saciados." Bem-aventurados aqueles que não perderam o desejo de serem mais justos nem o empenho para tornar a sociedade mais igualitária e fraterna. Feliz a família que se compromete com uma convivência mais justa para todos, começando pelos mais necessitados. O seu desejo será saciado por Deus.

"Felizes os misericordiosos, porque alcançarão misericórdia." Bem-aventurados aqueles que agem, trabalham e vivem movi-

dos pela misericórdia. Feliz a família que sabe abrir as portas de sua casa para os pobres e necessitados. Essas famílias são as que na terra mais se assemelham ao Pai do céu. Elas alcançarão a misericórdia de Deus.

"Felizes os puros de coração, porque verão a Deus." Bem-aventurados aqueles que mantêm seus corações limpos do ódio, da falsidade, de mentiras ou de interesses ambíguos. É possível confiar neles para construir o futuro. Feliz a família que vive na verdade, que dialoga com sinceridade e procura com transparência o bem de todos.

"Felizes os que promovem a paz, porque serão chamados filhos de Deus." Bem-aventurados aqueles que procuram a paz e não a discórdia, a reconciliação e não o confronto, o perdão e não a vingança. Feliz a família que, sem desanimar com os conflitos e desentendimentos entre pais e filhos, busca sempre a paz e a convivência respeitosa e criativa. Esses seres serão chamados de "filhos de Deus".

"Felizes os perseguidos por causa da justiça, porque deles é o Reino dos céus." Bem-aventurados aqueles que sofrem injustiças, ofensas e condenações por defenderem uma causa justa. Feliz a família que, por seguir fielmente o caminho de Jesus, sofre zombarias, menosprezos e rejeições. Dela será o Reino de Deus.

Sugestões para o diálogo e engajamento

1) Pensamos sobre as seguintes questões e em seguida compartilhamos a nossa reflexão:

• Estamos realmente preocupados com a formação cristã de nossos filhos? Que importância damos a isso?

• Estamos transmitindo a nossa fé cristã a partir de nossas vidas? O que os nossos filhos podem aprender conosco?

• Já consideramos o que mais podemos fazer? Poderíamos tomar algumas medidas concretas: garantir a formação cristã na escola, dialogar com os catequistas?

* * *

2) Pensamos agora sobre as "bem-aventuranças de Jesus". Em seguida compartilhamos a nossa reflexão:

• Colocamo-nos sinceramente perante o ensinamento de Jesus das "bem-aventuranças" e nos perguntamos: somos melhores seguidores de Jesus do que nossos filhos? Em quais aspectos? Somos mais felizes do que eles?

• Jesus nos propõe um estilo de vida saudável, digno e feliz: em quais bem-aventuranças devemos prestar mais atenção em nossa casa para criar um clima mais saudável, mais positivo e mais feliz?

• Estaríamos dispostos a rever a nossa convivência em casa à luz de cada "bem-aventurança" a fim de concretizar a forma de melhorar o nosso exemplo para os nossos filhos? Como poderíamos fazê-lo com tempo e de acordo com um plano?

* * *

3) Continuamos a refletir agora sobre a fé de nossos filhos.

• Como acompanhamos os filhos em seu caminho cristão (primeira comunhão, crisma e casamento)? Podemos fazer mais e melhor?

• Já refletimos sobre como os pais podem agir quando um filho abandona a prática dominical e se afasta da fé?

• Somos sinceros com os nossos filhos? Sabemos reconhecer nossos erros e deficiências: "eu não faço bem isso"; "eu também deveria cuidar mais da minha fé"; "não tenho razão nisso"; "vamos todos tentar aprender mais sobre o estilo de vida de Jesus"?

* * *

4) Lemos juntos esses desejos; selecionamos três de acordo com a importância que lhes atribuímos no momento. Depois de um tempo apropriado, os compartilhamos pensando sobre a nossa escolha e olhando para as semelhanças e diferenças:

• Quero viver com mais luz e mais verdade.

• Quero viver de maneira mais lúcida e responsável.

• Quero encontrar o caminho certo para viver.

• Quero viver com mais alegria e de maneira mais positiva.

- Quero viver a partir do interior e não apenas do exterior.

- Quero viver tendo mais gestos de carinho e gentileza para com os meus filhos.

Sugestões para oração

- Lemos cada uma das bem-aventuranças lentamente, uma após a outra. Fazemos assim: 1) lemos a bem-aventurança; 2) depois a acolhemos no silêncio do nosso coração; 3) em seguida dizemos juntos em voz alta: "Obrigado, Senhor, pelas tuas palavras... dá-nos a tua luz e a tua força para vivê-las em nossa casa". Sem pressa, passamos para a próxima bem-aventurança.

* * *

- Meditamos juntos em silêncio sobre estas palavras: "Invocai a Deus pelas suas inseguranças e medos. Por que nos esquecemos de que Deus está conosco? Ele cuida de cada um de nós. Não nos deixa sem a ajuda de que precisamos em todos os momentos". Em seguida pronunciamos juntos esta oração:

> Pai de bondade,
> Queremos procurá-lo
> No silêncio da oração
> E viver na esperança
> Que descobrimos no Evangelho.

> Inspirada no *Ir. Roger de Taizé*

Linhas para compreender as bem-aventuranças
Como pode alguém ajudar
Se nunca precisou de um ombro amigo.
Como pode alguém consolar
Se as suas entranhas nunca tremeram de dor.
Como pode alguém compreender
Se nunca teve o coração partido na vida.
Como pode alguém ser misericordioso
Se nunca esteve necessitado.
Como pode alguém ensinar
Se nunca quis ser discípulo.
Como pode alguém anunciar a Boa-nova
Se nunca se preocupou com os sinais dos tempos.

Florentino Ulibarri

* * *

• Nos recolhemos em silêncio. Meditamos lentamente sobre esta oração. Em um momento oportuno, cada um pronuncia em voz alta as palavras que encontraram um eco mais profundo em seu coração:

Meu coração está contigo
Meu coração está contigo, Pai,
Meu coração está contigo.
Só tu és o meu Deus.
Só tu és sentido.
Só tu libertas.
Só tu és fiel.
Só tu és esperança.
Só tu és amor.
Só tu és felicidade.

Meu coração está contigo, Pai,
Meu coração está contigo.
Seguirei os passos de Jesus.
Hoje decido por ti.
E Jesus me diz: "Coragem! Eu vou contigo".

Patxi Loidi

9

ASSIM QUE HAVEIS DE REZAR

Mateus 6,9-13

[9]Portanto, é assim que haveis de rezar: Pai nosso, que estás nos céus, santificado seja o teu nome; [10]venha o teu Reino, seja feita a tua vontade assim na terra, como no céu. [11]O pão nosso de cada dia dá-nos hoje, [12]perdoa-nos as nossas ofensas, assim como nós perdoamos aos que nos ofenderam, [13]e não nos deixes cair em tentação, mas livra-nos do mal.

Guia de leitura

No tópico anterior ouvimos a proposta de Jesus, a qual nos convida a viver um estilo de vida novo e contracultural a fim de construir um mundo mais humano, justo e fraterno. Mas onde encontrar forças para viver construindo aquele novo mundo que Jesus chamou de "Reino de Deus"? Jesus deixou aos seus seguidores apenas uma oração: o Pai-nosso. A única oração que ensina a viver como colaboradores do projeto do Pai. É por isso que tem sido chamada de "síntese do Evangelho". Sempre foi vivida como o melhor sinal de identidade dos seguidores de Jesus.

Abordagem do texto

1) *O Pai-nosso*. Que experiência você tem dessa oração? Você a reza rotineiramente? É uma oração especial para você? Você sabe que está rezando com os mesmos sentimentos que Jesus?

2) *Pai*. Você costuma se dirigir a Deus chamando-o de "Pai"? Isso desperta confiança em você? Alguma vez você o chama de "Mãe"? Como você fala com Deus quando vive momentos de insegurança e o sente distante?

3) *Pai nosso*. Como você chama Deus em sua oração a sós com Ele? "meu Pai" ou "nosso Pai"? Quando você reza o Pai-nosso, pede por suas intenções particulares? Você reza junto com seus filhos e familiares? Alguma vez você pensa em todos os filhos de Deus que constituem a grande família humana?

4) *Invocações*. Que invocação vem mais do seu interior? Você já pensou que essa oração pode manter os pais e filhos estreitamente unidos ao longo dos anos?

Comentário

O Pai-nosso é a única oração que Jesus deixou como herança aos seus discípulos para alimentar a sua identidade como seus seguidores e a sua tarefa como colaboradores no projeto do Pai que Jesus chamou de Reino de Deus. Essa oração condensa em poucas palavras o mais íntimo de sua experiência

de Deus, a sua fé no projeto humanizador do Pai e a sua preocupação com o mundo. Nessa oração Jesus revela os grandes
desejos que pulsavam em seu coração e os gritos que dirigiu ao
Pai em suas longas horas de silêncio e oração.

Desde o início, o Pai-nosso tornou-se a oração por excelên-
cia, a mais querida pelos cristãos. É por isso que foi ensinada
aos catecúmenos antes de receberem o batismo. É uma oração
curta, concisa e direta. Chegou até nós em duas versões com
ligeiras diferenças. Aqui seguiremos a versão mais completa,
preservada por Mateus, pois é a que se pronuncia na liturgia
das comunidades cristãs.

O Pai-nosso começa com uma invocação ao Pai que está
nos céus. Em seguida vem a oração, que consiste em duas partes. Na primeira parte, Jesus expressa três grandes desejos cen-
trados no projeto do Reino de Deus. Na segunda parte faz quatro pedidos, apresentando ao Pai as necessidades da família
humana. Sem dúvida, são os desejos mais ardentes que Jesus
carrega no coração e as necessidades que mais o preocupam.

* * *

"Pai nosso, que estás nos céus." Jesus dirige-se a Deus chamando-o de *Abbá*, um diminutivo afetuoso usado especialmente por crianças pequenas para se dirigirem ao pai. Nós também
invocamos Deus como "Pai", sentindo que somos seus filhos, e
falamos com Ele com a mesma simplicidade, confiança e cari-

nho com que Jesus lhe falava. Também podemos chamá-lo de "Mãe", porque Deus não é homem nem mulher. É o derradeiro Mistério do Amor que origina e sustenta a nossa vida.

"Pai nosso." Jesus nos ensina a dizer "Pai nosso" e não "meu Pai". É por isso que rezamos no plural, do princípio ao fim, sentindo-nos irmãos de todos. Não pedimos nada apenas para nós mesmos, mas para todos.

"Que estás nos céus." Deus não está ligado a um lugar sagrado na terra. Ele não pertence a um povo ou a uma raça em particular. Ele não é propriedade de nenhuma religião. É o Pai de todos. "Ele faz nascer o sol para bons e maus" (Mateus 5,45).

"Santificado seja o teu nome." Isso não é apenas mais um pedido. É o primeiro desejo que vem da alma de Jesus, a sua aspiração mais ardente. Fazer com que o nome de seu Pai seja reconhecido e respeitado. Que todos conheçam a bondade e a força salvadora que estão contidas em seu santo nome. Que ninguém o ignore ou despreze. Que ninguém o profane magoando os seus filhos. Que sejam banidos os nomes de todos os falsos deuses que nos desumanizam. Que todos possamos abençoar o seu nome de bom Pai.

"Venha o teu Reino." É a paixão que anima toda a vida de Jesus: que o Reino de Deus faça o seu caminho no mundo, que a "levedura" do seu reino fermente tudo. Que a sua Boa-nova chegue aos pobres. Que aqueles que sofrem sintam a sua força curadora. Encha o mundo com sua justiça e sua verdade, sua compaixão e sua paz. Que os ricos não reinem sobre os pobres; que os pode-

rosos não abusem dos mais fracos; que os homens não dominem as mulheres. Que ninguém dê a nenhum César o que é seu. Que ninguém pretenda viver servindo a Deus e ao dinheiro.

"Seja feita a tua vontade assim na terra, como no céu." Esse desejo, que só aparece em Mateus, apenas reforça os dois anteriores: que seja feita a vontade de Deus e não a nossa. Que seja feita a sua vontade, porque você só quer o nosso bem. Que se faça em toda a criação aquilo que você deseja, e não aquilo que os poderosos da terra querem. Que possamos ver realizado entre nós todo o bem que você deseja no seu coração de Pai.

"O pão nosso de cada dia dá-nos hoje." A atenção de Jesus agora se volta diretamente para as necessidades concretas dos seres humanos: dar a todos os alimentos de que precisam para viver. Que não falte pão para ninguém. Não pedimos dinheiro nem bem-estar abundante para nós, não queremos acumular riquezas, apenas o pão de cada dia para todos. Que os famintos possam comer; que os pobres deixem de chorar e possam rir; que possamos vê-los vivendo com dignidade. Que esse pão que um dia poderemos comer todos juntos, sentados à tua mesa, possa ser agora compartilhado.

"Perdoa-nos nossas ofensas, assim como nós perdoamos aos que nos ofenderam." Essa é a tradução literal que foi modificada na liturgia. Estamos em dívida com Deus. É o nosso grande pecado: não responder ao amor do Pai, porque não acolhemos o seu projeto humanizador do reino: perdoa-nos as nossas dívidas, não apenas as ofensas contra a tua lei, mas o imenso vazio da nossa incapacidade de responder ao teu amor. Necessitamos da tua mi-

sericórdia e do teu perdão. Mas queremos ser honestos: ao fazer esse pedido, estamos também perdoando aqueles que nos devem. Não queremos alimentar ressentimento nem desejo de vingança contra ninguém. Queremos viver juntos como irmãos.

"Não nos deixes cair em tentação." Somos fracos e estamos expostos a todo tipo de perigos e riscos que podem arruinar as nossas vidas afastando-nos definitivamente de Deus. O mal nos ameaça: não nos deixeis cair na tentação de rejeitar definitivamente o teu reino e a tua justiça. Dê-nos a tua força. Que não sejamos derrotados na prova final. Que no meio de toda tentação possamos contar com a tua ajuda de Pai.

"Livra-nos do mal." Esse pedido final, que se encontra apenas na versão de Mateus, reforça e culmina toda a oração. O mal está sempre presente, com todo o seu poder. Jesus nos convida a não viver com medo, mas com grande confiança no Pai: livra-nos do mal. Somos responsáveis pelos nossos pecados e erros, mas também vítimas. O mal e a injustiça não estão apenas em nossos corações, estão também nas estruturas e instituições. Estão na dinâmica da história. Às vezes parece que o poder do mal vai invadir tudo. Pai, livra-nos do mal!

Com esse grito de socorro, que continua ecoando em nós, termina a oração de Jesus. Os cristãos acrescentaram a palavra "amém", que significa "assim é" ou "assim seja". Assim queremos rezar sempre. É assim que queremos viver com total confiança em ti, Pai nosso: bendizendo o teu nome, acolhendo o teu reino, fazendo a tua vontade, recebendo de ti o pão de cada dia, o perdão e a força para vencer o mal. Amém.

Sugestões para o diálogo e engajamento

1) Pensamos sobre as seguintes questões e em seguida compartilhamos a nossa reflexão:

• Alguma vez já rezamos juntos em família? Já tentamos? Onde vemos a maior dificuldade?

• Ousamos introduzir entre nós o hábito de rezarmos juntos alguma vez? Isso não nos ajudaria a viver o nosso amor e a nossa convivência com os nossos filhos com uma nova qualidade?

• Em quais ocasiões poderíamos rezar juntos? Para celebrar o feliz nascimento de um filho; na doença de alguém; por ocasião de algum problema com os filhos; na morte de um ente querido ou de um amigo de nossos filhos?

* * *

2) Pensamos também sobre estas questões e compartilhamos em seguida a nossa reflexão:

• Existe uma breve oração em nossa casa que todos fazem juntos em algum momento do dia? Poderíamos discutir isso com os filhos? Como dar os primeiros passos?

• Mesmo que nem todos possam ir à missa, não podemos criar um ambiente festivo mais cristão em casa no domingo? Alguns exemplos: música apropriada; breve oração no momento da refeição; simples leitura de uma frase do Evangelho escolhida por um dos pais ou filhos; visita de toda a família a algum santuário ou mosteiro.

• Não poderíamos pensar em adquirir algum exemplar da Bíblia, do Novo Testamento ou simplesmente dos Evangelhos para ter à mão na sala de estar, no quarto dos filhos ou no quarto dos pais? Uma assinatura de alguma revista religiosa nos faria bem?

* * *

3) Depois de ter conhecido com mais profundidade a oração do Pai-nosso, agora pensamos sobre algumas questões e depois compartilhamos a nossa reflexão:

• Quais são as invocações cujo conteúdo você sente necessidade de gravar bem em seu coração? Por quê?

• Que invocação você deseja repetir de agora em diante de maneira mais consciente pensando em seus filhos e nas necessidades de sua casa?

• Ao ensinar seus filhos pequenos a rezar, você os ajudará a entender e a valorizar adequadamente a oração que Jesus nos deixou como herança? Você lhes dará um grande presente para toda a vida.

• Se você tiver o hábito de rezar o Pai-nosso em sua casa, não pode explicar aos seus filhos, pouco a pouco, o conteúdo de cada invocação?

• Sugiro que você introduza esse costume em sua casa. Depois do jantar, antes de se retirarem para descansar ou no momento que for mais oportuno, de pé com as mãos unidas pais e filhos formam um círculo e pronunciam lentamente o Pai-nosso. No final dão um abraço de paz. Seus filhos não se esquecerão disso.

Sugestões para oração

• Lemos as invocações do Pai-nosso, uma após a outra, da seguinte maneira: 1) lemos a invocação; 2) meditamos sobre o seu conteúdo lendo o tópico "comentário"; 3) depois de um tempo adequado pronunciamos lentamente, em voz alta, várias vezes a invocação. Depois passamos para a seguinte e fazemos do mesmo modo.

* * *

• Meditamos sobre este ensinamento a respeito do Pai-nosso em silêncio. Depois cada um pronuncia em voz alta as frases que mais tocaram seus corações. Para concluir, os dois pronunciam lentamente a oração de Jesus.

> Não digas *Pai* se não queres viver como filho...
> Não digas *nosso* se não queres ser irmão de todos...
> Não digas *que está nos céus* se o que buscas
> É ter posses e segurança na terra...
> Não digas *santificado seja o teu nome*

Se não respeitas o que para Ele é santo, amado,
escolhido...
Não digas *venha o teu reino*
Se não estás disposto a perder teus direitos
Para que outros possam viver com dignidade.
Não digas *seja feita a tua vontade*
Se não a aceitas quando é dolorosa
Ou se pensas que Ele não quer a tua felicidade.
Não digas *o pão nosso de cada dia dá-nos hoje*
Se não te preocupas com aqueles que têm fome e
sede...
Não digas *perdoa-nos nossas ofensas*
Se não queres perdoar o teu irmão
E em teu coração aninham-se o ressentimento e o
ódio...
Não digas *não nos deixes cair em tentação*
Se tens a intenção de seguir pecando...
Não digas *livra-nos do mal*
Se não te posicionas contra o mal
Que surge em ti, em nós, na sociedade,
Nos corações e nas estruturas.
Não digas *amém* – assim seja, Senhor –
Se não levas a sério as palavras desta oração.

Florentino Ulibarri

* * *

• Para rezar no silêncio do coração:

Senhor, meu Deus,
és maior do que as nossas palavras,
mais silencioso do que o nosso silêncio,
mais profundo do que os nossos pensamentos,
mais elevado do que os nossos desejos [...]
Dá-nos, ó Deus soberano,

tão grande e tão próximo,
um coração cheio de vida e novos olhos
para te descobrir
e para te acolher
quando vieres até nós.

Francisco de Sales, bispo de Genebra

10

VAI E FAZE TU O MESMO

Lucas 10,29-37

²⁹Mas, querendo justificar-se, perguntou a Jesus: "E quem é o meu próximo?"

³⁰Jesus respondeu: "Um homem descia de Jerusalém a Jericó. Pelo caminho, caiu nas mãos de assaltantes. Estes, depois de lhe tirarem tudo e de o espancarem, foram embora, deixando-o quase morto. ³¹Por acaso, desceu pelo mesmo caminho um sacerdote. Vendo-o, desviou-se dele. ³²Do mesmo modo um levita, passando por aquele lugar, também o viu e passou adiante. ³³Mas um samaritano, que estava de viagem, chegou até ele. Quando o viu, ficou com pena dele. ³⁴Aproximou-se, tratou das feridas, derramando nelas azeite e vinho. Depois colocou-o em cima da própria montaria, conduziu-o à pensão e cuidou dele. ³⁵Pela manhã, tirando duas moedas de prata, deu-as ao dono da pensão e disse-lhe: 'Cuida dele e o que gastares a mais, na volta te pagarei'.

³⁶Na tua opinião, quem destes três se tornou o próximo daquele que caiu nas mãos dos assaltantes?" ³⁷Ele respondeu: "Aquele que teve pena dele". Então Jesus lhe disse: "Vai e faze tu o mesmo!"

Guia de leitura

Ao nos aprofundarmos na oração do Pai-nosso, pudemos ver mais uma vez o quão importante é o projeto humanizador de Deus para Jesus. Qual é a primeira coisa para colaborar nesse projeto do Pai de fazer um mundo novo, mais justo, fraterno e feliz para todos? O que podemos fazer a partir das famílias cristãs? A resposta de Jesus é a solução: "Sede compassivos como vosso Pai é compassivo" (tema 5). Na Parábola do Bom Samaritano podemos agora descobrir o que significa agir com compaixão: de uma maneira verdadeiramente humana.

Abordagem do texto

1) O homem ferido na sarjeta. No seu caminho de todos os dias, ao sair de casa, você vê pessoas agredidas, assaltadas, espancadas, abandonadas à própria sorte, sem quase ninguém para cuidar delas? Podemos dar algum exemplo?

2) O sacerdote e o levita. Como pode ser descrita a sua atuação? Você compreende o seu comportamento? É justificável? Por que os seus serviços ao Deus do Templo não os levaram a ajudar o ferido? Por que a religião não nos leva muitas vezes a ajudar os mais necessitados?

3) O samaritano. A história descreve a sua primeira reação com três verbos. É possível destacar a sua importância? Em seguida é descrito o que ele faz pelo ferido. Por que ele age assim? Você conhece pessoas que se parecem com ele?

4) Jesus, o bom samaritano. Você também chamaria Jesus assim? Por quê? Lembra-se de alguma coisa sobre a maneira dele de "olhar" para as pessoas, de se "comover" e de se "aproximar" daqueles que via sofrendo?

5) Vai e faze tu o mesmo. O que sentimos quando ouvimos essas palavras de Jesus? Elas nos encorajam a viver mais atentos ao sofrimento dos necessitados?

Comentário

Jesus experimenta Deus como um Mistério de compaixão. Deus é misericordioso. A compaixão é o seu modo de ser, a sua primeira reação diante de suas criaturas, o seu jeito de olhar para o mundo e de tratar as pessoas. Deus age sempre movido pela compaixão. Movido por essa experiência do Pai, Jesus vai introduzir um novo princípio de atuação na história humana: "Sede misericordiosos como vosso Pai é misericordioso" (Lucas 6,36). Essa é a maneira correta de tornar o mundo mais humano. A Parábola do Bom Samaritano permite-nos agora compreender o que significa ser compassivo como o Pai do céu.

De acordo com Lucas, Jesus narra essa parábola para responder a uma pergunta que um mestre da Lei lhe faz querendo justificar-se em uma conversa que tem com Ele: "e quem é o meu próximo?" (Lucas 10,25-29). Para compreender a sua pergunta precisamos saber que em certos setores fariseus argumentava-se que, como o "próximo" é uma pessoa cada vez mais distante de nós – família, linhagem, tribo, Israel, pagãos... –

a nossa obrigação de amar diminui, de tal forma que existem pessoas que estão tão distantes ou que são tão estranhas a nós que já não temos mais obrigação de amá-las, inclusive podemos rejeitá-las ou odiá-las. O mestre da Lei está interessado em saber quem ele é obrigado a amar e quem pode excluir do seu amor. Ele não se preocupa com o sofrimento dos outros. Apenas com o correto cumprimento da Lei.

Jesus, que vive aliviando o sofrimento daqueles que encontra no seu caminho, violando se necessário a lei do sábado ou as regras de pureza, responde-lhe com uma história na qual expõe de forma expressiva como age aquele que vive movido pela compaixão do Pai por todos os seus filhos.

* * *

Como já mencionado, no caminho que desce de Jerusalém a Jericó, um homem caiu nas mãos de assaltantes. Agredido e despojado de tudo, é deixado quase morto na sarjeta, abandonado à sua própria sorte. Não sabemos quem é. Só sabemos que é um "homem". Poderia ser qualquer um de nós. Um ser humano abatido pela violência, desgraça ou abandono.

Felizmente, um sacerdote e logo depois um levita chegam pelo caminho. Eles são pessoas religiosas: vivem a serviço do Deus santo do Templo. Provavelmente o ferido pensa que eles ficaram com pena dele. No entanto, não foi assim. Ao verem o ferido, os dois fecharam os olhos e os corações. Para eles era como se aquele homem "meio morto" não existisse: "Vendo-o, desviou-se dele e passou adiante". A falta de compaixão não é apenas uma reação pessoal, uma vez que ambos fazem a mesma coisa. O relato sugere a tentação que persegue aqueles que se dedicam ao sagrado: viver longe do mundo real, onde as pessoas lutam, trabalham e sofrem. Provavelmente seguem o seu caminho, ocupados em serem santos e cumpridores da Lei. Aqueles que sofrem nas sarjetas dos caminhos não existem em seu horizonte. Estamos também em nossa família fazendo desvios para não encontrar aqueles que sofrem?

* * *

Ao longe aparece uma terceira pessoa, um viajante. Não é um sacerdote nem um levita. Não vem do Templo, nem sequer pertence ao povo escolhido. Para os ouvintes da parábola, ele é um desprezível "samaritano". O ferido pode esperar o pior dele. No entanto, a sua atuação vai surpreender a todos.

A história descreve o seu desempenho em detalhes. "Quando o viu, ficou com pena dele. Aproximou-se". Essa é sempre a reação de quem vive movido pela compaixão. Depois ele faz tudo o que pode pelo ferido: desinfeta as feridas com vinho, cura-as com azeite e as enfaixa. Em seguida o coloca em cima da própria montaria e o conduz a uma pensão. Lá ele cuida pessoalmente do homem e assegura que ele continue a ser cuidado. Ele pagará as despesas. Essa atuação do samaritano nos revela a dinâmica da verdadeira compaixão. Tudo começou

238

com aquela primeira reação: "Quando o viu, ficou com pena dele. Aproximou-se". Vejamos com mais detalhes.

* * *

O olhar compassivo. O samaritano sabe olhar com compaixão para o ferido. É a primeira coisa. A compaixão não brota em nós pela atenção à Lei ou pelo respeito em relação aos direitos humanos. É despertada em nós a partir de um olhar atento e responsável sobre aqueles que sofrem. Esse olhar nos liberta do egoísmo e da indiferença. Os Evangelhos recordam com frequência o olhar compassivo de Jesus (ler: Lucas 7,13; Mateus 9,36; 14,14).

A aproximação. O olhar compassivo nos aproxima daqueles que sofrem. O samaritano "aproximou-se" do ferido, chegou perto, tornou-se próximo a ele. O samaritano não se pergunta se aquele desconhecido é ou não seu próximo. Ele sabe que é um ser humano que precisa dele por perto. Não é preciso saber mais nada. Quem olha para as pessoas com compaixão não se pergunta quem é o seu próximo, a quem deve amar. Pergunta-se quem precisa dela para que possa se aproximar e torná-la o seu próximo, seja qual for a sua origem, raça, religião ou ideologia.

O comportamento dos gestos. O samaritano não se sente obrigado a cumprir um determinado código legal. Ele simplesmente responde à situação do ferido de maneira criativa, inventando todo tipo de gesto para aliviar seu sofrimento e restaurar sua vida.

* * *

Vai e faze tu o mesmo. Jesus conclui a sua parábola com esta pergunta: "Na tua opinião, quem destes três se tornou o próximo daquele que caiu nas mãos dos assaltantes?" O mestre da Lei lhe responde: "Aquele que teve pena dele". Então Jesus lhe disse: "Vai e faze tu o mesmo!" Agora sabemos o que temos de fazer: "não desviar" diante daqueles que vemos sofrer, abrir os olhos, notar atentamente os que vivem necessitados de ajuda, comover-se, quebrar a nossa indiferença, aproximar-nos daqueles que têm problemas: viver semeando gestos de bondade.

Sugestões para o diálogo e engajamento

1) Pensamos sobre as seguintes questões e depois compartilhamos a nossa reflexão:

• Frequentemente e sem nos darmos conta podemos estar criando uma família fechada apenas em seus próprios interesses e alheia aos problemas dos outros. É fácil viver assim hoje? Estamos nos deixando levar por esse caminho de bem-estar?

• A quem nos sentimos obrigados a ajudar? Apenas aos nossos familiares, amigos, vizinhos? Não há mais ninguém em nosso horizonte?

• Como podemos ensinar os nossos filhos a terem uma visão crítica da sociedade atual (injustiças, abusos, violência, corrupção, rejeição aos refugiados...)? Ocasiões propícias para a ação educativa: notícias, televisão, dia da paz, campanha contra a fome, dia do enfermo...

* * *

2) À luz da Parábola do Bom Samaritano pensamos sobre algumas questões e compartilhamos a nossa reflexão:

• Como "olhamos" em nossa casa para os pobres, imigrantes, refugiados, para aqueles que estão desempregados há muito tempo? Com indiferença? Como um apelo à nossa consciência? Com preocupação? Como um perigo?

• Sabemos "aproximar-nos" dos necessitados que vivem em nosso entorno – vizinhança, bairro, paróquia – ou fazemos desvios para evitá-los e não criar problemas? O que diz a nossa consciência cristã?

• Que gestos de bondade e solidariedade podemos semear a partir de nossas casas? Podemos indicar pequenos compromissos para os pais e para os filhos?

• Podemos aproximar-nos da nossa paróquia ou dos centros educativos dos nossos filhos para colaborar nas campanhas da Caritas, ONG, acolhimento de refugiados, Telefone da Esperança?

* * *

3) Em coerência com o que ouvimos na Parábola do Bom Samaritano, completamos as seguintes frases:

• Penso que poderíamos abrir mais as portas de nossa casa para...

• Acho que deveríamos incutir mais em nossos filhos...

• Penso que não temos de nos acostumar a viver...

Sugestões para oração

• Meditamos em silêncio sobre a atuação do samaritano:

Quando o viu, ficou com pena dele. Aproximou--se, tratou das feridas, derramando nelas azeite e vinho. Depois colocou-o em cima da própria montaria, conduziu-o à pensão e cuidou dele. Pela manhã, tirando duas moedas de prata, deu-as ao dono da pensão e disse-lhe: "Cuida dele e o que gastares a mais, na volta te pagarei".

Em seguida lemos lentamente estes gestos de amor fraterno:

Gestos de amor fraterno
Visitar os doentes;
Cuidar dos idosos e das crianças;
Dar comida aos famintos
E bebida aos sedentos;
Libertar os prisioneiros e cativos;
vestir os nus,
acolher os imigrantes e perdidos;
enterrar dignamente os mortos.

Não esquecer dos vivos
e convidar todos a fazerem o mesmo.
Trabalhar pela justiça,
lutar por uma paz duradoura,
dizer "não" às armas,
empenhar-se em projetos solidários,
reduzir contas e carteiras,
ir além da esmola.
amar ao extremo
e convidar todos a fazerem o mesmo.
Oferecer um copo de água,
ofertar uma palavra de conforto,
denunciar leis injustas,
parar a jornada do próprio negócio,
transportar o ferido,
mesmo que não seja da família,
sair da própria casa e do próprio círculo –
barraca, grupo ou castelo.
Construir uma cidade para todos,
e convidar todos a fazerem o mesmo.

Florentino Ulibarri

* * *

• Nós dois juntos lemos e meditamos em silêncio sobre esta oração. Depois de um tempo oportuno, cada um pronuncia em voz alta algumas das invocações:

Senhor, que eu nunca deixe de te procurar,
Que eu possa ardentemente procurar o teu rosto.
Dá-me força para te procurar.
Fizeste-me encontrar-te
E deste-me a esperança
De encontrar-te sempre um pouco mais.
Senhor, meu Deus, concedei-me

Sempre lembrar de ti,
Que te possa conhecer e te amar.

Agostinho, Bispo de Hipona

11

MULHER, ESTÁS CURADA
DE TUA DOENÇA

Lucas 13,10-17

[10]Num sábado, Jesus ensinava numa sinagoga. [11]Havia ali uma mulher que há dezoito anos tinha um espírito que a enfraquecia. Andava encurvada e não podia se endireitar. [12]Vendo-a, Jesus chamou-a e disse: "Mulher, estás curada de tua doença". [13]Impôs-lhe as mãos, e ela imediatamente se endireitou e começou a louvar a Deus. [14]O chefe da sinagoga ficou indignado porque Jesus havia curado no sábado e disse à multidão: "Há seis dias em que se pode trabalhar. Nesses dias vinde curar-vos e não em dia de sábado". [15]O Senhor lhe respondeu: "Hipócritas! Qualquer um de vós não solta do estábulo o boi ou o burro no sábado e o leva a beber? [16]E esta filha de Abraão, que há dezoito anos satanás mantinha prisioneira, não devia ser libertada dessa prisão em dia de sábado?" [17]Com essa resposta, todos os adversários ficaram envergonhados, e a multidão se alegrava com as obras maravilhosas que fazia.

Guia de leitura

Em vários temas tomamos consciência de que Jesus viveu totalmente dedicado à construção de um mundo novo, mais humano, mais digno, mais fraterno e mais feliz para todos: o que Ele chamou de "Reino de Deus". Por isso Ele grita ao Pai: "venha o teu Reino". Por isso Ele pede aos seus seguidores: "Buscai, pois, em primeiro lugar o Reino de Deus e sua justiça". Por isso luta tanto para dar passos em direção a um mundo sem dominação masculina. Por isso, a partir das famílias que acolhem Jesus em suas casas, devemos trabalhar para construir uma sociedade em que as mulheres possam recuperar a sua verdadeira dignidade e igualdade com os homens. Era o que Jesus queria.

Abordagem do texto

1) A mulher encurvada. Como está descrita a enfermidade da mulher? É apenas uma enfermidade física? Não é essa mulher "encurvada" que vive olhando para o chão um reflexo e uma imagem da sua vida no meio de uma sociedade dominada pelos homens?

2) Atuação de Jesus. Como Ele reage diante da mulher encurvada? O que Ele faz exatamente? O seu olhar é importante? Por que Ele a chama? É possível descobrir em suas palavras algo além da sua vontade de curar a mulher?

3) A libertação da mulher. Que mudanças ocorrem na mulher? Visualize a mulher no meio daquela sociedade machista, de pé, erguida, publicamente dando glória a Deus no meio da sinagoga. O que pode ser dito sobre isso?

4) Reação do chefe da sinagoga. O que você pensa sobre a indignação dele? Por que ele não se alegra com tudo o que Jesus provocou com a cura da mulher? Que imagem ele faz de Deus?

5) A resposta de Jesus. Você compreende o exemplo prático que ele propõe? Em que consiste a "hipocrisia" do chefe da sinagoga e daqueles que pensam como ele? Como Jesus chama a mulher? Você entende a importância desse detalhe?

6) Conclusão do relato. As palavras de Jesus provocam diferentes reações. Como se explica a reação de seus adversários? Por que as pessoas se alegram? Nós também nos alegramos em ver como Jesus defende a dignidade da mulher?

Comentário

Conforme já dito anteriormente, o historiador judeu Flávio Josefo resume a condição da mulher judia no tempo de Jesus com as seguintes palavras: "de acordo com a Torá, as mulheres são inferiores aos homens em tudo". O protagonista da vida social e religiosa é o homem. A presença da mulher não é necessária. Por esse motivo elas não eram iniciadas no estudo da Lei nem os rabinos as aceitavam como discípulas. Elas ocupavam um lugar separado dos homens no Templo e nas sinagogas. Fora de casa as mulheres "não existiam". Elas não podiam sair de casa sem serem acompanhadas por um homem e sem esconderem o rosto com um véu. Não podiam falar em público. O seu testemunho não tinha validade. Tampouco podiam participar de banquetes fora de casa. Se assim o fizessem, seu comportamento era considerado como o de uma mulher de má reputação. Jesus sabia disso quando aceitou mulheres entre os seus discípulos.

O que mais fazia as mulheres sofrerem era saber que, a qualquer momento, seus maridos poderiam repudiá-las, abandoná-las a própria sorte. Esse direito exclusivo dos homens baseava-se em nada menos do que na Lei de Moisés (Deuteronômio 24,1). Os escribas discutiam sobre a sua aplicação concreta, mas as mulheres não podiam defender os seus direitos. Um dia a questão chegou até Jesus: "pode o marido repudiar a sua esposa?" A resposta de Jesus surpreendeu a todos: se o repúdio das mulheres foi imposto na Lei de Moisés, foi devido à "dureza dos corações" dos homens, que controlam as mulheres e as submetem à sua vontade.

Jesus não entra nas discussões dos mestres da Lei, mas aprofunda no mistério original do ser humano. "No princípio da criação Deus os fez homem e mulher" para que fossem "uma só carne" (Marcos 10,2-9). Os dois foram criados em igualdade. Deus não criou o homem com poder sobre a mulher, nem criou a mulher para ser submissa ao homem.

Deus não quer estruturas que gerem dominação masculina e submissão feminina. No projeto do Pai essas estruturas terão

248

de desaparecer. O "Reino de Deus" do qual Jesus fala será um mundo sem dominação masculina.

* * *

Podemos resumir brevemente a mensagem e a atuação de Jesus promovendo a dignidade e a igualdade da mulher e dos homens entre os filhos de Deus da seguinte maneira:

• Jesus critica todas as famílias "patriarcais" que favorecem uma relação de domínio e poder dos homens sobre as mulheres. Deus não abençoa estruturas que geram dominação masculina e submissão feminina.

• Jesus concebe o seu movimento de seguidores – homens e mulheres – como um "espaço sem dominação masculina". Na "nova família" que Jesus está formando ao serviço do Reino de Deus, a "atitude patriarcal" dos homens tem de desaparecer.

• As mulheres são aceitas por Jesus como discípulas no mesmo nível do que os homens. Homens e mulheres constituem um discipulado de iguais cujo único Pai é o que está no céu e cujo único Mestre é Jesus.

• O apelo de Jesus convida os homens a perderem poder e as mulheres a ganharem dignidade. Só assim caminharemos para uma sociedade nova, fraterna e solidária. A sociedade que anuncia e prepara o Reino de Deus.

* * *

O texto do Evangelho que lemos é um episódio que nos permite descobrir a paixão de Jesus por devolver às mulheres a sua verdadeira dignidade. De acordo com o seu costume, Jesus está ensinando em uma sinagoga em um dia de sábado. O centro da cena é ocupado pela cura de uma mulher "encurvada". Lucas nos apresenta Jesus libertando a mulher das amarras que a impedem de viver com a dignidade de uma "filha de Abraão" ao lado dos homens de Israel.

Entre as pessoas reunidas na sinagoga está uma mulher doente. Lucas nos diz que ela é vítima de um espírito que a mantém "encurvada", olhando para o chão, sem poder se endireitar. O mal parece irremediável, uma vez que ela está assim há dezoito anos. A condição da mulher é humilhante. Ela caminha sem conseguir levantar os olhos do chão. No entanto, de acordo com a cultura popular daquela época na Galileia, caminhar em pé era o traço que claramente distinguia os seres humanos dos animais. Essa mulher era o melhor reflexo da situação em que as mulheres se encontravam naquela sociedade: privadas de autonomia, submetidas aos maridos, discriminadas religiosamente e sem qualquer presença social. Nessa sociedade as mulheres só podiam andar "encurvadas", sem poder olhar diretamente para os homens.

Jesus, vendo-a, interrompeu seu ensinamento e "chamou-a". Ele não poderia ficar indiferente ao seu sofrimento e humilhação. Ele chamou-a e disse estas palavras: "Mulher, estás curada de tua doença". Depois impôs-lhe as mãos e a envolveu com a ternura e a força curadora de Deus.

A mulher se endireitou. Pôde levantar os olhos para o céu. Pôde olhar de frente para Jesus. Chamada por Ele, ela passou da marginalização para o centro da sinagoga. Ela estava calada, agora tinha recuperado a palavra para louvar a Deus. Ao lado de Jesus, no centro da sinagoga, onde só os homens podiam falar, essa mulher, de pé, erguida, libertada por Jesus, dá glória a Deus perante todo o povo. O episódio não fala apenas de cura, mas também de libertação.

* * *

O chefe da sinagoga ficou indignado: "Há seis dias em que se pode trabalhar. Nesses dias vinde curar-vos e não em dia de sábado". Ele não se alegra com a cura da mulher. Não compreende que essa mulher "libertada" dá mais valor a Deus do que ao cumprimento do sábado. Pensa que o que Jesus fez é uma transgressão da Lei de Deus, não um gesto libertador.

Jesus reage antes que as pessoas digam alguma coisa. Ele dá-lhes um exemplo para desmascarar a sua hipocrisia. Como todos sabem, qualquer um deles "solta" o boi ou o burro no sábado para os levar ao rio ou à fonte da aldeia para beber. E essa mulher não deveria ser libertada de suas amarras? Essa mulher não é um animal, embora tenha vivido encurvada olhan-

251

do para o chão, "presa por satanás". É uma "filha de Abraão", membro do povo escolhido, tal como o chefe da sinagoga e como aqueles que criticam Jesus.

Os "adversários" de Jesus se envergonham e ficam calados. O povo, por outro lado, fica cheio de alegria ao ver as maravilhas que Jesus faz. E nós, a partir de nossas casas, o que podemos fazer? Sem dúvida, aprender a agir como Ele agiu: olhar para as mulheres como Ele olhou, resgatá-las da marginalização, libertá-las de suas amarras, colocá-las de pé e restaurar a sua verdadeira dignidade, perdida tantas vezes em nossa sociedade por causa da arrogância, machismo e abuso dos homens.

Sugestões para o diálogo e engajamento

Pensamos sobre as seguintes questões e depois compartilhamos a nossa reflexão:

• *Mulher*. Qual é a minha atitude de fundo em relação aos homens? De igualdade ou inferioridade? De respeito ou temor? De convivência ou submissão? A que se deve?

• *Marido*. Qual é a minha atitude de fundo em relação às mulheres? De igualdade ou superioridade? De respeito ou dominação? De convivência ou utilização? A que se deve?

• Temos o cuidado de viver relações saudáveis entre homens e mulheres na nossa vida diária (tarefas domésticas, cuidado com os filhos, relações de casal, trabalho...)?

• Em quais aspectos precisamos mudar o nosso comportamento?

* * *

2) Pensamos também sobre as seguintes questões e depois compartilhamos a nossa reflexão:

• Julgo de maneira desigual o mesmo comportamento conforme se trate de um homem ou de uma mulher?

• Costumo destacar e generalizar os defeitos das mulheres ou dos homens? Estamos conscientes do mal que podemos fazer aos nossos filhos com as nossas palavras e com o nosso exemplo?

• Conhecemos mulheres que podemos defender e ajudar a recuperar a sua dignidade?

• Estamos dispostos a denunciar abusos e injustiças cometidos contra as mulheres em nosso meio?

* * *

3) Completamos as seguintes frases e depois compartilharmos em casal:

• Eu deveria tratá-lo(a) melhor em...

• Eu deveria valorizá-lo(a) mais...

• Deveríamos falar mais com os nossos filhos sobre...

Sugestões para a oração

• Lemos lentamente o relato da cura da mulher encurvada (apenas Lucas 13,10-13). Durante alguns minutos de silêncio contemplamos Jesus libertando a mulher. Em seguida pronunciamos lentamente este texto chamado "Salmo das mulheres novas":

> Bem-aventuradas as mulheres que saem da passividade
> e dedicam suas vidas a anunciar o Reino de Deus.
> Com suas palavras e ações elas estão criando um novo mundo.
> Bem-aventuradas as mulheres que lutam por sua dignidade
> e denunciam os maus-tratos e a discriminação das mulheres,
> porque elas estão forjando um futuro melhor para as novas gerações.
> Bem-aventuradas as mulheres que defendem a liberdade,
> que trabalham pela justiça
> e que arriscam as suas vidas pela igualdade,
> poque elas abrem caminhos para o Reino de Deus.
> Bem-aventuradas as mulheres carinhosas e gentis,
> alegres, criativas e fortes,
> porque sua bondade e seu esforço
> estão nos revelando o rosto materno de Deus.
> Bem-aventuradas as mulheres cheias de fé,
> mulheres servas da comunidade,
> mesmo que ninguém lhes agradeça
> e que não vejam imediatamente os frutos.
> Alegrem-se porque seus nomes
> Estão escritos no livro da vida.

> *Anônimo*

* * *

• Lemos em silêncio esta oração. Depois, cada um pronuncia a frase que deseja destacar. Finalizamos pronunciando a oração lentamente, os dois juntos.

Irmãos e irmãs.
Toda mulher é minha irmã
E todo homem é meu irmão.
Os mais irmãos, os pobres.
Todos os humanos estão entrelaçados
e formam um corpo:
Senhor, estes princípios mudariam
a minha vida,
se fossem levados a sério,
e mudariam o mundo
se alguns milhares de pessoas os levassem a sério.
Senhor Jesus,
és o homem mais solidário que já existiu.
és... o modelo de homem e de mulher,
a solidariedade em pessoa,
o auge humano.
quero ser irmão, senhor, e
prosseguir com a tua causa.
quero ser irmã, senhor, e amar
muito,
por aquele Reino de Deus que iniciaste no mundo.

Patxi Loidi

12

A PAZ ESTEJA CONVOSCO

João 20,19-22

[19]Na tarde do mesmo dia, que era o primeiro da semana, estando trancadas as portas do lugar onde estavam os discípulos, por medo dos judeus, Jesus chegou, pôs-se no meio deles e disse: "A paz esteja convosco". [20]Dito isto, mostrou-lhes as mãos e o lado. Os discípulos se alegraram ao ver o Senhor. [21]Jesus disse-lhes de novo: "A paz esteja convosco. Como o Pai me enviou, assim também eu vos envio". [22]Após essas palavras, soprou sobre eles e disse: "Recebei o Espírito Santo".

Guia de leitura

Estamos terminando a nossa jornada. Nessa última cena, o evangelista descreve a situação dos discípulos após a crucificação de Jesus. Refugiam-se em uma casa, mas há um vazio no grupo que ninguém pode preencher. Falta-lhes Jesus. De repente, Jesus ressuscitado aparece no meio deles e diz-lhes: "A paz esteja convosco". Quando os discípulos o veem, ficam cheios de uma alegria que nada nem ninguém lhes pode tirar.

Um pouco disso sentiremos em nossas casas se Jesus permanecer vivo em nosso meio. Viveremos com mais paz e alegria.

Abordagem do texto

1) *Situação do grupo de discípulos.* Com que características sombrias é descrita a situação dos discípulos reunidos sem Jesus ressuscitado no meio deles? Que futuro os espera se permanecerem com as portas fechadas, paralisados pelo medo?

2) *A presença do Ressuscitado.* Como é descrita a sua entrada na comunidade? Que lugar Ele ocupa entre os discípulos? Queremos sentir a presença de Jesus entre nós em nossa casa?

3) *A transformação do grupo.* Qual é a primeira coisa que Jesus infunde em seus discípulos? Você pensa que isso é importante? Você sente a mudança que está acontecendo no grupo?

4) *O envio.* Para o que Ele é enviado? Por que Ele não lhes diz nada? Em que consiste a sua missão?

5) *O dom do Espírito Santo.* Como você entende o gesto de Jesus? Jesus costumava fazer esse gesto? Você conhece o sentido desse gesto de acordo com Gênesis 2,7?

Comentário

Aterrorizados com a execução de Jesus, os discípulos reúnem-se em uma casa conhecida. Mais uma vez eles estão reunidos, mas lhes falta Jesus. Existe um vazio no grupo que ninguém pode preencher. Quem eles irão seguir agora? O que eles podem fazer sem Ele? O evangelista descreve em três características sombrias a situação do grupo de discípulos sem o Cristo ressuscitado. Vejamos:

"Está escurecendo" em Jerusalém e também no coração dos discípulos. É uma comunidade sem futuro, sem um horizonte claro. Falta-lhes o Senhor, que, segundo o evangelista, é a luz que ilumina todo o ser humano que vem a este mundo.

"Com as portas trancadas." É uma comunidade sem missão, fechada em si mesma, sem capacidade para acolher alguém. Ninguém pensa mais em sair pelas estradas para abrir caminhos para o Reino de Deus. Com as portas fechadas não é possível se aproximar do sofrimento das pessoas nem curar os feridos abandonados pelas estradas.

Estão cheios de "medo dos judeus", em quem o evangelista vê as forças hostis em relação a Jesus. Eles estão paralisados pelo medo, estão na defensiva. Com medo não é possível amar o mundo como Jesus nem anunciar a sua Boa-nova a ninguém.

Esse pequeno grupo reunido em casa não nos faz pensar no que às vezes se vive em alguns lares quando não vemos claramente o futuro, quando nos fechamos em nossos próprios interesses, enquanto crescem em nós medos, incertezas e conflitos?

* * *

É Jesus quem toma a iniciativa. Ele entra na casa sem que ninguém abra as portas. Nada nem ninguém pode impedir que Jesus ressuscitado entre em contato com os seus para reavivar a sua comunidade. De acordo com o relato, Jesus "chegou" e pôs-se "no meio deles" cheio de vida. É Ele quem deve estar sempre no centro. Ninguém mais deve ocupar o seu lugar.

A primeira coisa que Jesus ressuscitado infunde em sua comunidade é a paz perdida pela sua covardia e fraqueza no momento da cruz. Por duas vezes Ele repete: "A paz esteja convosco". Não há nenhuma censura pelo fato de eles o terem abandonado, nenhuma reclamação. Ele dá-lhes a sua paz inconfundível. Uma paz que ninguém jamais poderá lhes dar.

Ao mesmo tempo mostrou-lhes "as mãos e o lado". Por essas cicatrizes eles puderam descobrir que Jesus os amou até o fim. Ao verem Jesus, os discípulos "se alegraram". Uma alegria que nada nem ninguém lhes poderia tirar. A comunidade estava se transformando. Eles sentiam-se órfãos: agora tinham Jesus ressuscitado em seu meio. Do medo eles passam para a paz. Da escuridão passam para a alegria de vê-lo cheio de vida. Das portas fechadas passam para a missão de fazerem um mundo mais humano.

Essa história não nos ajuda a intuir algo da paz, da força e da alegria que podemos encontrar em Jesus se o acolheremos com fé em nossa casa?

* * *

Jesus fala de maneira solene para lhes confiar a sua missão: "Como o Pai me enviou, assim também eu vos envio". Não lhes diz especificamente a quem devem dirigir-se, o que devem anunciar ou como devem agir. Apenas isto: eles serão para o mundo o que Ele foi.

Eles aprenderão a evangelizar lembrando do que Jesus fez. Já tinham visto de quem Ele se aproximou, como difundiu a todos a Boa-nova de Deus, como semeou gestos de cura, libertação e perdão. Jesus envia-os agora para difundir o amor do Pai a todos e para abrir caminhos para o seu projeto de um mundo humano para todos.

Jesus sabe que seus discípulos são frágeis. Mais de uma vez Ele criticou a sua fé pequena e vacilante. Eles precisam da força do seu Espírito para cumprir a sua missão. É por isso que lhes faz um gesto especial. Jesus não impõe as mãos sobre eles nem os abençoa, como fez com os doentes e as crianças. Sopra sobre eles e diz: "Recebei o Espírito Santo".

O seu gesto tem uma grande força expressiva. De acordo com o Livro do Gênesis, Deus modelou Adão com "pó da terra"; depois soprou-lhe o "sopro da vida" e ele tornou-se um "ser vivo". Segundo o relato do Evangelho, as comunidades cristãs são "pó da terra", ou seja, são frágeis, fracas, medíocres, mas se Jesus está no meio delas, sempre poderão sentir a sua paz, a sua força, o seu sopro renovador e a sua alegria.

Algo semelhante pode ser dito hoje sobre as nossas casas. Se deixarmos Jesus ressuscitado entrar em nossa casa, se acreditarmos e confiarmos em sua presença renovadora, se ouvirmos o seu Evangelho, se nos abrirmos para o seu poder renovador e nos deixarmos encorajar pelo seu Espírito, nós também poderemos experimentar uma paz interior inconfundível, que ninguém pode nos dar a partir de fora, e uma alegria que só conhecem aqueles que aprendem a viver seguindo Jesus e se entregam como Ele para tornar o mundo mais digno, justo e fraterno, e, dessa forma, mais feliz para todos.

Sugestões para o diálogo e engajamento

1) Pensamos sobre as seguintes questões e depois compartilhamos a nossa reflexão a respeito do caminho que percorremos juntos.

- Ajudou-nos a despertar, reavivar e fortalecer a nossa fé cristã? Em quais aspectos?

- Ajudou-nos a rezar juntos e a conversar com Deus sobre nossos filhos? Vamos continuar fazendo isso?

- A nossa ideia de Jesus e a nossa relação com Ele mudaram?

- Está nos ajudando a tornar o nosso lar um ambiente mais humano e cristão?

* * *

2) Pensamos também sobre as seguintes questões e compartilhamos em seguida a nossa reflexão:

• O caminho percorrido nos ajudou a aprofundar e enriquecer o nosso amor como casal? Em quais aspectos?

• Ajudou-nos a amar nossos filhos de maneira mais carinhosa e responsável? Por quê?

• Tem nos dado mais luz e coragem para cuidarmos da educação de nossos filhos na sociedade atual?

* * *

3) Completamos as seguintes frases e as compartilhamos para refletir sobre o futuro:

• Quero me comprometer a partir de agora a...

• Poderíamos compartilhar a nossa experiência com outros casais de amigos? Posso pensar em...

• Poderíamos nos informar e criar um "Grupo de Jesus"? Eu penso que...

• Podemos convidar os nossos filhos a entrarem em um "Grupo de Jesus". Eu penso que...

Sugestões para oração

• Podemos dizer esta confissão de fé juntos, lentamente. Em seguida meditamos sobre ela em silêncio. Depois, cada um pode pronunciar uma frase em voz alta:

Desde que Cristo ressuscitou
Desde que Cristo ressuscitou,
podemos começar uma vida nova
de homens e mulheres ressuscitados,
e de irmãos agora mesmo.
Desde que Cristo ressuscitou,
temos o seu Espírito entusiasta
e queremos torná-lo visível
para contagiar muitos.
Desde que Cristo ressuscitou,
estamos em uma renovação permanente,
e é preciso transformar o mundo a partir de seus
alicerces.
Desde que Cristo ressuscitou,
devemos construir uma cidade solidária
onde o homem não seja lobo,
mas companheiro e irmão.
Desde que Cristo ressuscitou,
cremos em uma terra nova
onde haverá amor e casa para todos.

Patxi Loidi

* * *

• Podemos nos recolher e recordar o caminho que percorremos juntos. Damos graças a Deus. Deixamos a nossa casa em suas mãos. Confiamos nele. Jesus nos acompanhará, porque o acolhemos em nossa casa. Em seguida rezamos no silêncio de nosso coração:

Cristo Jesus,
não é fácil para nós
compreender a tua presença
de Ressuscitado.

mas, pelo teu Espírito Santo,
Tu nos habitas e nos dizes
a cada um: "Vem e segue-me. Eu abri para ti um
caminho de vida".

Ir. Roger de Taizé

* * *

• Em silêncio colocamo-nos nas mãos de Deus, nosso Pai.
Confiamos-lhe a nossa casa, os nossos filhos, as nossas
vidas. Meditamos em silêncio sobre esta oração plena de
esperança. Depois de alguns minutos de silêncio, cada um
de nós pode pronunciar as palavras que mais encontraram
eco em nós:

Tudo o que vive, recebe fôlego de ti.
Tudo o que cresce recebe seiva de ti.
Tudo o que se move recebe ar de ti.
Tudo o que canta, de ti tira música.
Tudo o que grita, aprende de ti o protesto.
Tu fazes em silêncio.
Tu operas em segredo.
Tu constróis sem fazer barulho.
Tu crias sem medo.
Graças a ti queremos viver
e construir um mundo melhor.
Graças a ti ainda estão vivas as sementes
da igualdade, da liberdade e da fraternidade.
Graças a ti sonhamos utopias
e caminhamos com dignidade.
Graças a ti aprendemos a tolerância
e a compartilhar nossas sementes de verdade.

Florentino Ulibarri

Leia também!

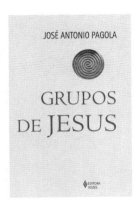
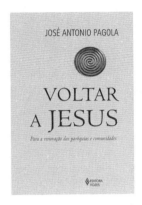

Conecte-se conosco:

- facebook.com/editoravozes
- @editoravozes
- @editora_vozes
- youtube.com/editoravozes
- +55 24 2233-9033

www.vozes.com.br

Conheça nossas lojas:

www.livrariavozes.com.br

Belo Horizonte – Brasília – Campinas – Cuiabá – Curitiba
Fortaleza – Juiz de Fora – Petrópolis – Recife – São Paulo

EDITORA VOZES LTDA.
Rua Frei Luís, 100 – Centro – Cep 25689-900 – Petrópolis, RJ
Tel.: (24) 2233-9000 – E-mail: vendas@vozes.com.br